Beltz Taschenbuch 616

Über dieses Buch:
Gute Teamarbeit ist ein entscheidender Wettbewerbsfaktor! Damit Teams aber wirklich effektiv zusammenarbeiten, müssen sich die Teammitglieder optimal aufeinander einstellen können und die unterschiedlichen Persönlichkeiten müssen mit ihren spezifischen Stärken voll zur Entfaltung kommen.
Ob Ihr Team zu hetero- oder zu homogen ist, sagt Ihnen ein Typologietest, der auf dem Myers-Briggs-Type-Indicator (MBTI) aufbaut. Teamleader können so sich selbst, ihre Teammitglieder sowie auch künftige Bewerber treffsicher einschätzen. Gabriele Stöger zeigt zudem, wie Sie heterogene und homogene Teams so führen, dass die teamimmanente Schlagseite ausgeglichen wird. Das ermöglicht eine Aufgabenverteilung, die den Fähigkeiten und Neigungen der einzelnen Teammitglieder entspricht. Dadurch lassen sich die Ressourcen der Mitarbeiter optimal nutzen und die Teamatmosphäre wird positiv beeinflusst.

Die Autorin:
Gabriele Stöger, Diplom-Sozialwissenschaftlerin und NLP-Lehr-Trainerin, arbeitet als Organisationsberaterin und Managementtrainerin bei Stöger und Partner.
Internet: www.stoegerpartner.de

Gabriele Stöger

Besser im Team

Stärken erkennen und nutzen

BELTZ
Taschenbuch

Der Titel »Besser im Team« erschien zuerst in der Reihe Beltz Weiterbildung.

Konzeption und Beratung:
Prof. Dr. *Karlheinz A. Geißler*, Schlechinger Weg 13, 81669 München
Prof. Dr. *Bernd Weidenmann*, Weidmoosweg 5, 83626 Valley

Beltz Taschenbuch 616
3., aktualisierte und erweiterte Auflage 2006
Lektorat: Ingeborg Sachsenmeier

www.beltz.de
Umschlaggestaltung: Federico Luci, Odenthal
Umschlagillustration: © Getty Images, Deutschland
Satz: Druckhaus »Thomas Müntzer«, Bad Langensalza
Druck und Bindung: Druck Partner Rübelmann, Hemsbach
Printed in Germany

ISBN-13: 978-3-407-22616-7
ISBN-10: 3-407-22616-0

Inhaltsverzeichnis

Danksagung

An dieser Stelle möchte ich mich bei meinem Vater, Dr. Claus Jordan, bedanken. Seine Anerkennung gab mir das Selbstvertrauen. Meinem Mann danke ich für seine Geduld und wertvollen Anregungen.

Woher kommt Ihr Ärger?

Willkommen im Team!

Arbeiten Sie im Team? Welche Frage. Weshalb würden Sie sonst dieses Buch lesen? Außerdem ist es beinahe unmöglich, *nicht* im Team zu arbeiten. Entweder Sie sind Mitglied oder Leiter eines Entwicklungs-, Fertigungs- oder Serviceteams. Oder Sie sind Mitarbeiter oder Führungskraft in einer Fertigungsgruppe oder in einer Abteilung. Vielleicht arbeiten Sie auch in einem Projekt oder Sie leiten es. Sie arbeiten also mit Kolleginnen und Kollegen mehr oder weniger eng zusammen und machen sich so Ihre Gedanken:

- Es läuft nicht so, wie es eigentlich sollte.
- Der Druck von außen auf meine Mitarbeiter ist zu groß.
- Mein Team müsste mehr leisten und bessere Qualität liefern.
- Es gibt da einige Quertreiber im Team.
- Ich fühle mich nicht wohl in dieser Abteilung.

Ihre Gedanken? – Dann heiße ich Sie willkommen.

Gemeinsam bringen wir Sie und Ihr Team in Bestform. Ihr Team wird schon bald mehr leisten, schneller arbeiten und bessere Qualität liefern. Und es wird nicht nur Ihnen mehr Spaß machen, in dieser Gruppe zu arbeiten.

Kurze Anmerkung vorneweg: Unabhängig von der in diesem Buch verwendeten männlichen Sprachform sind stets beide Geschlechter gemeint. Wenn ich beispielsweise »Teamleiter« schreibe, dann meine ich damit natürlich immer Teamleiterinnen und Teamleiter.

> Letzten Endes kann man alle wirtschaftlichen Vorgänge auf drei Worte reduzieren: Menschen, Produkte und Profite. Die Menschen stehen an erster Stelle. Wenn man kein gutes Team hat, kann man mit den beiden anderen nicht viel anfangen. *(Lee Iacocca)*

Enttäuscht vom Teamtraining?

Der Druck auf Sie und Ihr Team nimmt ständig zu. Halbjährlich wechseln die Moden: Lean Production, Lean Management, Reengineering, Culture Change. Inzwischen haben Sie am eigenen Leib erfahren, dass diese Konzepte nur funktionieren, wenn eines vorhanden ist: Teamgeist. Arbeiten die Leute nicht zusammen, scheitert jedes Konzept.

Teamfähigkeit ist zur Schlüsselkompetenz geworden. In den meisten größeren deutschen Unternehmen hat das Wort »Teamorientierung« Einzug gehalten – in die Unternehmensleitlinien. Auf der eigentlichen Teamebene hat sich demnach nicht sonderlich viel getan.

Zwar werden in den Unternehmen Teamseminare durchgeführt. Aber irgendwie zeigen die keine große Wirkung. Vielleicht waren Sie selbst schon auf einem solchen Teamtraining. Läuft die Veranstaltung gut, kehren Sie motiviert in Ihre Abteilung zurück. Aber, Hand aufs Herz, was hat sich danach wirklich verbessert?

Wie viel konnten Sie davon tatsächlich umsetzen? Arbeitet Ihr Team jetzt wirklich schneller und besser? Und vor allem: Sind Sie und Ihre Kollegen zufriedener bei der Arbeit?

Es war wohl eher so, dass Sie trotz guter Vorsätze bald wieder die alten lähmenden Querelen erleben mussten. Reibereien mit einzelnen Kollegen. Ärger mit Vorgesetzten. Ärger mit anderen Abteilungen.

Woher kommt Ihr Ärger? Dafür gibt es nur zwei Möglichkeiten. Schauen Sie sich die beiden folgenden Fallbeispiele »Ärger von innen« und »Ärger von außen« an und entscheiden Sie dann.

Fallbeispiel: Ärger von innen

Peter Groda ist nicht gerade glücklich. Er ist Informatiker und arbeitet in einem Entwicklungsteam. Mit den anderen Informatikern kommt er klar. Aber mit Karin Seita, der Mathematikerin und einzigen Frau im Team, hat er Probleme. Sie sieht alles sehr theoretisch. Wann immer Peter Groda in einer Teambesprechung etwas vorschlägt, wendet sie meist ein: »Das muss man doch viel grundsätzlicher betrachten.«

Zwar macht Frau Seita auf alle einen äußerst kompetenten Eindruck. Aber die Arbeit kommt nicht richtig voran. Peter Groda würde gerne mal so richtig loslegen. Notwendige Anpassungen kann man ja später noch vornehmen. Es frustriert ihn, wie viel Zeit in den Besprechungen zerredet wird.

Dabei mag Peter Groda seine Arbeit wirklich. Mit seiner Liebe zum Detail arbeitet er sehr genau. Aber nicht nur Frau Seita bereitet ihm Probleme. Auch Karl Pohl, der DV-Kaufmann, ist kein einfacher Kollege. Pohl flitzt meist in den anderen Abteilungen umher und hört sich die Problemchen anderer Leute an. Kein Wunder, dass Pohl im ganzen Betrieb bekannt und beliebt ist. Die anderen erledigen ja seine Arbeit! So sieht das Peter Groda. Er hat das Karl Pohl auch schon mal gesagt. Daraufhin war dieser zwei Wochen lang beleidigt.

Ärger ist die Unfähigkeit Wut in Aktion umzusetzen. *(Wolfgang Herbst)*

Knistert es in Ihrem Team?

Geht es Ihnen wie Peter Groda? »Die anderen« bringen Sie mitunter zur Verzweiflung und manchmal denken Sie: »Der hält den ganzen Betrieb auf!«, »Die faselt wieder dummes Zeug!«

Erinnern Sie sich? Dann lassen Sie Dampf ab. Notieren Sie die letzten drei Ärgernisse. Es ist egal, ob Sie das schriftlich machen oder im Geiste. Sie können auch über den gegebenen Platz hinausgehen und ein größeres Blatt beschreiben.

Wer mich ärgerte:

Was mich an ihm/ihr ärgerte:

Fallbeispiel: Ärger von außen

Sie verstehen Peter Groda nicht? Bei Ihnen läuft es glänzend im Team? Vielleicht kommt Ihnen dann aber Folgendes bekannt vor? Nein, Ärger gibt es im Marketingteam von Edeltraud Messerer so gut wie nie. Es herrscht ein super Teamgeist, fast schon ein Familiengefühl. Jeder arbeitet gerne hier. Man trifft sich sogar öfters abends privat. Alle sind sehr kreativ.

Leider gibt es häufig Konflikte mit anderen Abteilungen. Es kommen Rückmeldungen wie: »Das Konzept ist viel zu wenig konkret!«, »Warum ziehen Sie das Ganze nicht geradliniger durch?«, »Total abgehoben!«

Kennen Sie das? In Ihrem Team läuft also alles sehr harmonisch. Die Probleme gibt es eher mit den anderen Abteilungen oder mit Vorgesetzten. Dann lassen Sie uns kurz die beiden zuletzt aufgetretenen Ärgernisse festhalten, um später an ihnen zu arbeiten. Notieren Sie am besten gleich auf der nächsten Seite die beiden Problemfälle oder Konflikte, die zuletzt in Ihrem Teamumfeld aufgetreten sind.

Übrigens, selbst wenn Sie bereits oben das »innere Knistern« im Team notiert haben, können Sie hier die »Ärgernisse von außen« ebenfalls notieren. Noch einmal: Es ist egal, ob Sie schriftlich oder in Gedanken antworten. Aber nehmen Sie sich die Zeit und graben Sie Ihre Ärgernisse aus. Auch wenn die Erinnerungen etwas unangenehm sind.

Es kann der Frömmste nicht in Frieden leben, wenn es dem bösen Nachbarn nicht gefällt. *(Schiller)*

Von wo kam das Ärgernis?

Wie lautete der Vorwurf?

Ärger im Team kommt nicht nur von innen oder nur von außen. Aber es gibt immer eine Tendenz. Halten Sie diese fest:

- Woher kommen die meisten Reibungsverluste in Ihrem Team?
- Wo finden die meisten Konflikte statt?

☐ Innerhalb meines Teams.

☐ Mit anderen Abteilungen.

Menschen kann man nicht ändern

Sie haben sicher schon einiges versucht, um den Ärger von inner- oder außerhalb Ihres Teams abzustellen. Sehr wahrscheinlich geht es Ihnen dabei wie Peter Groda, wenn er versucht, die »abgehobene Seita« auf den Boden der Realität zurückzubringen:

Seita: »Wir sollten unbedingt die langfristige Entwicklung der Niederlassungszahlen beachten.«

Groda: »Frau Seita, der nächste Termin ist in drei Tagen, wir müssen uns reinhängen!«

Seita: »Aber wir sollten das gleich richtig machen, bevor wir nachbessern müssen!!«

Groda: »Wenn wir noch lange über Dinge reden, die in drei Jahren akut werden, haben wir in drei Tagen nichts zu präsentieren!!!«

Seita: »Ja schon, aber ...«

Solche Dialoge sind endlos und zwecklos. Sie haben sicher schon selbst bemerkt: Sie können bestimmte Dinge an Ihren Kollegen ändern, und bestimmte andere Dinge können Sie partout nicht verändern.

Lernen Sie sich kennen

Die Spannungen verschwinden

Wenn Peter Groda seine Kollegin Seita auf eine falsche Ablagegewohnheit hinweist, akzeptiert sie das dankend und – ändert sich. Wenn er ihr die »Flausen« austreiben will, wehrt sie sich dagegen mit Händen und Füßen. Was bedeutet das?

Es bedeutet: Wenn Peter Groda sich die leidigen Endlosdiskussionen ersparen will, muss er unterscheiden können. Zwischen änderbarem und nicht änderbarem Verhalten. Letzteres nennt man auch typisches Verhalten. Wie erkennt man solches? Mit einem geeigneten Diagnose-Instrument: der Typologie.

Herr, lass mich das ändern, was ich ändern kann und das akzeptieren, was ich nicht ändern kann – und gib mir die Weisheit, das eine vom anderen zu unterscheiden. *(Benjamin Franklin)*

So eine Typologie wendet Peter Groda auf Karin Seitas Verhalten an. Und er findet heraus: Die Seita spinnt nicht. Sie verhält sich – für ihre Verhältnisse – völlig logisch. Denn die Typologie sagt: Karin Seita ist eine typische Visionärin. Jede Ablehnung ihrer Visionen wertet sie als Ablehnung ihrer Person – und kämpft wie der Teufel dagegen. Diese Erkenntnis testet Peter Groda, als sich die nächste Diskussion drohend am Horizont abzeichnet:

Seita: »Wo bleibt denn da die langfristige Perspektive?«
Groda: »Sie haben Recht. Ich schlage vor, Sie machen für diesen Punkt eine Sensitivitätsanalyse.«

Überraschung: Karin Seita stimmt verblüfft zu, lehnt sich zurück, und die Diskussion wendet sich akuten Problemen zu. Na, so überraschend ist das wieder nicht. Peter Groda weiß jetzt: Jeder Mensch gibt – manchmal augenblicklich – seinen Widerstand auf, wenn sein typisches Verhalten nicht mehr abgewertet, sondern explizit anerkannt wird.

Seit Peter Groda den Typ von Karin Seita kennt, gab es keine einzige dieser endlosen Diskussionen mehr. Peter Groda hat das »Spiel« durchschaut. Er hat aber noch viel mehr aus der Typologie gelernt, nämlich er hat seinen eigenen Typ erkannt. Dabei wurde ihm schlagartig klar, warum er mit bestimmten Kollegen im Dauerclinch liegt. Warum ihn manche Aufgaben völlig fertig machen und über Gebühr frustrieren. Warum er so unzufrieden in und mit seinem Team ist.

Auch Ihnen wird sicher einiges klar werden, wenn Sie Ihren eigenen Typ kennen lernen. Zu diesem Kennenlernen lade ich Sie jetzt ein.

Welcher Typ sind Sie?

Keine Angst. »Typ« heißt nicht Schablone. Jeder Mensch ist einzigartig. Erlauben Sie mir einen Vergleich. Es gibt viele Pullover, die nach dem Zopfmuster handgestrickt sind. Das Muster macht sie einander ähnlich. Aber kein Pullover ist wie der andere. Beim einen sind die Maschen fester, der andere hat einen kleinen Strickfehler am Ärmel, der dritte ... und so weiter.

Lernen Sie Ihr »Strickmuster« besser kennen. Was sind die Vorzüge Ihres Musters? Wofür ist es besonders geeignet?

Wir arbeiten in unserem Personalentwicklungsteam seit Jahren mit dem folgenden typologischen Fragebogen. Wir sind immer wieder erstaunt, wie stark sich die Seminarteilnehmer mit ihrem Ergebnis identifizieren. Häufig hören wir: »Ja, darin erkenne ich mich wieder.« Denn bei diesem Fragebogen gibt es keine Verlierer. Jeder erfährt seine persönlichen Stärken. Das ist das Reizvolle daran.

Sie können also spontan und ohne Furcht vor unangenehmen Enthüllungen Ihre Kreuze setzen: Es gibt kein falsch oder richtig. Je offener Sie antworten, desto klarer ist das Bild, das Sie von Ihren eigenen Stärken bekommen.

Fragebogen zur Analyse Ihres Persönlichkeitstyps

(Analog dem Myers-Briggs-Typen-Indikator)

So wird es gemacht: Zu jeder Frage finden Sie jeweils zwei Alternativen a) und b). Kreuzen Sie bitte rechts entweder das Ⓐ oder das Ⓑ an, je nachdem, welche Aussage eher auf Sie zutrifft beziehungsweise welcher Sie am ehesten zustimmen. Entscheiden Sie sich dabei bitte im Zweifel im Rahmen eines durchgängigen Kontexts (beruflich oder privat). Wichtig ist, dass Sie sich möglichst zügig und spontan entscheiden. Weder/noch-Entscheidungen sind nicht auswertbar.

01. Bei geselligen Anlässen ---------------------- Ⓐ – Ⓑ
 a) freue ich mich, möglichst viele neue Leute kennen zu lernen
 b) konzentriere ich mich lieber auf einige Bekannte

02. Projekte plane ich lieber mit ---------------------- Ⓐ – Ⓑ
 a) vernunftbetonten Menschen
 b) einfallsreichen Menschen

03. Lieber ---------------------- Ⓐ – Ⓑ
 a) bewege ich mich im gleichen Trott
 b) gebe ich mich Träumereien hin

04. Mir ist es wichtiger, ---------------------- Ⓐ – Ⓑ
 a) meinen Prinzipien treu zu bleiben
 b) auf meine Gefühle zu hören

05. Ich fühle mich mehr hingezogen ---------------------- Ⓐ – Ⓑ
 a) zu dem, was mich überzeugt
 b) zu dem, was mich berührt

06. Ich bevorzuge das Arbeiten ---------------------- Ⓐ – Ⓑ
 a) nach Terminvorgabe
 b) spontan, was gerade anfällt

07. Ich treffe eine Wahl ---------------------- Ⓐ – Ⓑ
 a) eher überlegt
 b) eher spontan

08. Ein geselliges Zusammensein erlebe ich eher _ _ _ _ _ _ _ _ Ⓐ _ Ⓑ
   a) als erfrischend und erquickend
   b) als anstrengend und ermüdend

09. Ich bin eher _ Ⓐ _ Ⓑ
   a) realistisch
   b) spekulativ

10. Ich bin mehr interessiert an _ Ⓐ _ Ⓑ
   a) konkret Machbarem
   b) an den Möglichkeiten und Chancen

11. Ich lasse mich in der Beurteilung anderer mehr beeinflussen _ Ⓐ _ Ⓑ
   a) von festen Vorstellungen
   b) von Gefühlen

12. Ich trete anderen lieber _ Ⓐ _ Ⓑ
   a) »objektiv« entgegen
   b) persönlich entgegen

13. Mir ist wichtig, _ Ⓐ _ Ⓑ
   a) vereinbarte Zeiten einzuhalten
   b) unerwarteten wichtigen Gegebenheiten Rechnung zu tragen

14. Es beunruhigt mich mehr, wenn die Dinge _ _ _ _ _ _ _ _ _ _ Ⓐ _ Ⓑ
   a) noch unerledigt sind
   b) vollendet sind

15. In dem, was andere betrifft, bin ich in meinem Bekannten-/Kollegenkreis _ Ⓐ _ Ⓑ
   a) auf dem Laufenden
   b) nicht auf dem neuesten Stand

16. Die alltäglichen Dinge verrichte ich vorwiegend _ _ _ _ _ _ _ Ⓐ _ Ⓑ
   a) nach gut bewährten Erfahrungen
   b) auf immer wieder neue Art und Weise

17. Ich mag Autoren, die sich _ Ⓐ _ Ⓑ
   a) klar und unmissverständlich ausdrücken
   b) mehr unter Zuhilfenahme von Analogien ausdrücken

18. In der Zusammenarbeit mit Kollegen/Bekannten ist mir wichtiger _ Ⓐ _ Ⓑ
   a) logisches Denken und Verhalten
   b) eine harmonische menschliche Beziehung

19. Ich treffe bevorzugt Entscheidungen _ _ _ _ _ _ _ _ _ _ _ _ _ Ⓐ _ Ⓑ
    a) verstandesmäßig über den Kopf
    b) gefühlsmäßig über den Bauch

20. Mir sind Angelegenheiten lieber, die _ _ _ _ _ _ _ _ _ _ _ _ _ Ⓐ _ Ⓑ
    a) abgeschlossen und entschieden sind
    b) offen und noch nicht entschieden sind

21. Ich sehe mich selbst eher als _ _ _ _ _ _ _ _ _ _ _ _ _ _ _ _ _ Ⓐ _ Ⓑ
    a) ernsthaft und bestimmt
    b) locker und unbekümmert

22. Ich bevorzuge es, meine Ideen _ _ _ _ _ _ _ _ _ _ _ _ _ _ _ _ Ⓐ _ Ⓑ
    a) anderen mitzuteilen und darüber zu diskutieren
    b) erst mal für mich zu behalten und sie kritisch abzuwägen

23. Fakten _ Ⓐ _ Ⓑ
    a) sprechen für sich
    b) veranschaulichen Prinzipien

24. Visionäre sind für mich eher _ _ _ _ _ _ _ _ _ _ _ _ _ _ _ _ _ _ Ⓐ _ Ⓑ
    a) Traumtänzer und Utopisten
    b) Gestalter der fernen Zukunft

25. Ich bin vorwiegend _ Ⓐ _ Ⓑ
    a) überlegt/objektiv
    b) warmherzig/mitfühlend

26. Ich finde es schlimmer, _ Ⓐ _ Ⓑ
    a) ungerecht zu sein
    b) unbarmherzig zu sein

27. Den Satz: »Schaun' ma mal, dann sehn' wirs schon« finde ich _ Ⓐ _ Ⓑ
    a) im Geschäftsleben nicht angemessen
    b) im Geschäftsleben oft angemessen

28. Ich fühle mich wohler, _ Ⓐ _ Ⓑ
    a) nachdem ich gekauft habe
    b) wenn der Kauf noch bevorsteht

29. Ich verhalte mich in Gesellschaft so, dass ich _ _ _ _ _ _ _ _ Ⓐ _ Ⓑ
    a) den ersten Schritt tue, die Unterhaltung in Gang zu bringen
    b) warte, bis ich angesprochen werde

30. Ich ziehe es vor, Dinge _____________________ Ⓐ _ Ⓑ
    a) für sich sprechen zu lassen
    b) häufig infrage zu stellen

31. Kinder sollten lieber lernen, __________________ Ⓐ _ Ⓑ
    a) sich nützlich zu machen
    b) genügend Gebrauch von ihrem Vorstellungsvermögen zu machen

32. Ich treffe meine Entscheidungen lieber auf der Grundlage von ______________________________ Ⓐ _ Ⓑ
    a) Analyse und Überlegungen
    b) Gefühlen und Fingerspitzengefühl

33. Ich bin eher __________________________ Ⓐ _ Ⓑ
    a) standfest und bestimmt
    b) gütig und liebenswürdig

34. Mir liegt es mehr, ________________________ Ⓐ _ Ⓑ
    a) zu organisieren und systematisch vorzugehen
    b) mich den Gegebenheiten anzupassen und zu improvisieren

35. Ich schätze mehr _________________________ Ⓐ _ Ⓑ
    a) das Endgültige
    b) das Uneingeschränkte

36. Neue und nicht gewohnheitsmäßige Interaktion mit anderen bedeutet für mich ____________________ Ⓐ _ Ⓑ
    a) Anregung und Antrieb
    b) Belastung und Anstrengung

37. Ich bin eher __________________________ Ⓐ _ Ⓑ
    a) ein praktisch veranlagter Mensch
    b) ein kreativer Mensch

38. Menschen, die sehr viel Wert aufs Detail legen, ______ Ⓐ _ Ⓑ
    a) kann ich gut akzeptieren
    b) machen mich nervös

39. Für mich ist vorrangiger, ____________________ Ⓐ _ Ⓑ
    a) eine Sache eingehend zu diskutieren
    b) auf einen gemeinsamen Nenner zu kommen

40. Ich lasse mich eher leiten von _________________ Ⓐ _ Ⓑ
    a) meinem Verstand
    b) meinem Gespür

41. Für mich sind die Tätigkeiten angenehmer, _ _ _ _ _ _ _ _ _ Ⓐ _ Ⓑ
   a) die klar festgelegt sind
   b) die mir viel Spielraum lassen

42. Ich neige dazu, meine Aufmerksamkeit mehr _ _ _ _ _ _ _ _ Ⓐ _ Ⓑ
   a) den geregelten und überschaubaren Abläufen zu schenken
   b) dem, was sich gerade so ergibt, zu schenken

43. Ich habe lieber _ Ⓐ _ Ⓑ
   a) einen großen Freundeskreis
   b) einige Freunde mit intensiverem Kontakt

44. Ich lasse mich eher leiten _ Ⓐ _ Ⓑ
   a) durch Fakten
   b) durch Prinzipien

45. Ich bin mehr interessiert _ Ⓐ _ Ⓑ
   a) an Produktion und Vertrieb
   b) an Design und Forschung

46. Das größere Kompliment ist für mich _ _ _ _ _ _ _ _ _ _ _ _ _ Ⓐ _ Ⓑ
   a) »er/sie ist ein sehr vernünftiger Mensch«
   b) »er/sie ist ein sehr einfühlsamer Mensch«

47. Ich schätze an mir selbst mehr, _ _ _ _ _ _ _ _ _ _ _ _ _ _ _ _ _ Ⓐ _ Ⓑ
   a) dass ich unerschütterlich bin
   b) dass ich hingebungsvoll bin

48. Ich gebe häufiger _ Ⓐ _ Ⓑ
   a) eine endgültige Erklärung ab
   b) eine vorläufige Erklärung ab

49. Ich fühle mich wohler, _ Ⓐ _ Ⓑ
   a) nachdem ich eine Entscheidung getroffen habe
   b) bevor ich eine Entscheidung getroffen habe

50. Es ist so, dass _ Ⓐ _ Ⓑ
   a) es mir leicht fällt, mich eingehend mit Fremden zu unterhalten
   b) ich Fremden gegenüber wenig zu sagen weiß

51. Ich verlasse mich eher _ Ⓐ _ Ⓑ
   a) auf meine Erfahrungen
   b) auf meine Ahnungen/Intuition

52. Ich denke, dass ich ______________________ Ⓐ_Ⓑ
    a) eher praktisch veranlagt bin
    b) eher einfallsreich bin

53. Ich bin lieber zusammen mit Menschen __________ Ⓐ_Ⓑ
    a) mit klarem Verstand
    b) mit intensiven Gefühlen

54. Ich neige mehr dazu, ______________________ Ⓐ_Ⓑ
    a) fair und objektiv zu sein
    b) mitfühlend zu sein

55. Es ist meistens besser, ____________________ Ⓐ_Ⓑ
    a) die Dinge zu arrangieren
    b) die Dinge einfach geschehen zu lassen

56. In einer Beziehung sollten ___________________ Ⓐ_Ⓑ
    a) die meisten Angelegenheiten klar geregelt sein
    b) Angelegenheiten eher den Umständen entsprechend behandelt werden

57. Wenn zu Hause das Telefon läutet, _____________ Ⓐ_Ⓑ
    a) beeile ich mich, um als Erster den Hörer abzunehmen
    b) hoffe ich, dass ein anderer den Hörer abnehmen wird

58. Ich schätze an mir selbst mehr ________________ Ⓐ_Ⓑ
    a) einen ausgeprägten Sinn für Realität
    b) ein lebhaftes Vorstellungsvermögen

59. Bei Gesprächen achte ich eher ________________ Ⓐ_Ⓑ
    a) auf die dargelegten Fakten
    b) auf die Zusammenhänge und Verbindungen

60. Mir erscheint es als größerer Fehler, _____________ Ⓐ_Ⓑ
    a) zu leidenschaftlich zu sein
    b) zu objektiv zu sein

61. Ich sehe mich selbst als eher _________________ Ⓐ_Ⓑ
    a) unsentimental
    b) weichherzig

62. Mir sagt mehr __________________________ Ⓐ_Ⓑ
    a) eine strukturierte und planmäßige Situation zu
    b) eine unstrukturierte und unplanmäßige Situation zu

63. Ich bin ein Mensch, der eher _________________ Ⓐ_Ⓑ
    a) gleich bleibender Stimmung ist
    b) wechselhafter Stimmung ist

64. Ich bin meistens_ Ⓐ _ Ⓑ
    a) leicht ansprechbar
    b) etwas reserviert

65. In schriftlichen Abfassungen bevorzuge ich _ _ _ _ _ _ _ _ _ Ⓐ _ Ⓑ
    a) mehr das Wortgetreue
    b) mehr die Bildsprache

66. Es fällt mir schwerer, _ Ⓐ _ Ⓑ
    a) ständig neue Sachen anzufangen
    b) eine begonnene Sache hartnäckig bis zum Ende zu verfolgen

67. Ich wünsche mir bei meinen Kollegen/Bekannten mehr _ Ⓐ _ Ⓑ
    a) einen klaren Verstand
    b) starkes Mitgefühl

68. Der größere Fehler ist, _ Ⓐ _ Ⓑ
    a) zu kritiklos zu sein
    b) zu kritisch zu sein

69. Ich bevorzuge _ Ⓐ _ Ⓑ
    a) geplante Ereignisse
    b) spontane Ereignisse

70. Ich neige mehr dazu, _ Ⓐ _ Ⓑ
    a) vorsätzlich und geplant zu handeln
    b) spontan und ungeplant zu handeln

Auswertung

Die sieben Säulen mit je einer Spalte a) und b) spiegeln die 70 Fragen des Fragebogens wider.

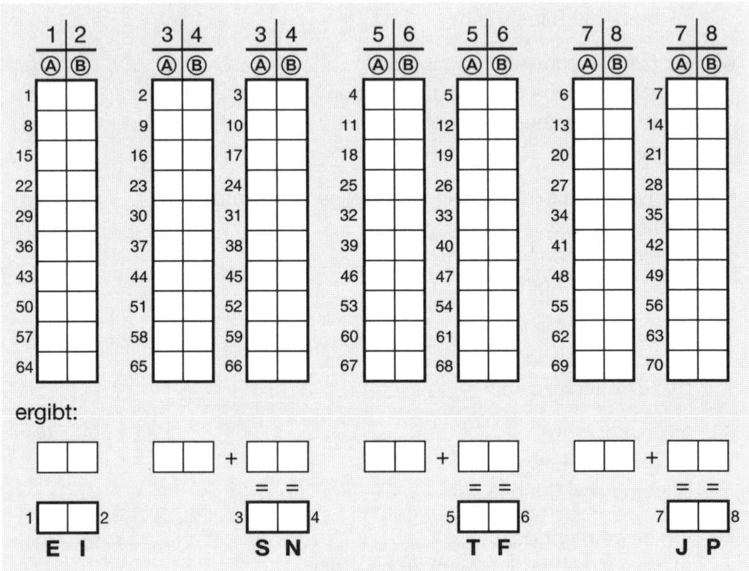

1. Übertragen Sie nun bitte Ihre Position zu den einzelnen Statements des Fragebogens in dieses Schema: Kreuzen Sie das entsprechende freie Feld in der Spalte für a) bzw. b) zu Frage Nr. 1,2 usw. bis 70 an.
2. Zählen Sie nun bitte die Kreuzchen in jeder Spalte zusammen und tragen Sie das Ergebnis (eine Zahl zwischen 0 und 10) in das freie Kästchen unter *ergibt* ein.
3. Im dritten Schritt sollen Sie nun zusammenführen, was zusammen gehört, um so zu den gewünschten acht Dimensionen zu kommen. Zählen Sie daher die beiden Teilergebnisse der Spalten 3 zum Gesamtergebnis im freien Kästchen Nr. 3 zusammen. Verfahren Sie mit den Teilergebnissen der weiteren Spalten ebenso (Spalte 1 und 2 können Sie direkt nach unten übernehmen!).

4. Sie haben also jetzt in den Kästchen ganz unten mit den Nummern 1 bis 8 Zahlen zwischen 0 und 20 stehen, sodass Sie auf insgesamt 70 Punkte kommen = Anzahl der Fragen des Fragebogens.

Als Letztes übernehmen Sie bitte von den beiden angebotenen Buchstaben der Reihe nach von links nach rechts jeweils nur den, der unter der größeren Zahl steht, in das grau unterlegte Feld rechts unten. So erhalten Sie eine Buchstabenkombination, die aus vier Buchstaben besteht (Hinweis: Bei gleichen Zahlen [5/5 oder 10/10] tragen Sie bitte ein X ein).

Nach diesem Ergebnis dieses Fragebogens (jeweils der Buchstabe mit der größeren Zahl!) steht auf Ihrer Visitenkarte ein

War bei einem oder mehreren Buchstabenpaaren Ihr Ergebnis 10:10? Wir nennen das einen x-Wert. Das ist vollkommen normal. Es bedeutet, dass beide Tendenzen bei Ihnen ungefähr gleich stark ausgeprägt sind. Sie können das darstellen, wie Sie möchten, beispielsweise: INFP/J oder INFP(J) oder INFP+J.

Die Persönlichkeitstypen

Was heißt das nun für Sie? Picken Sie sich Ihre Buchstaben aus den folgenden Typbeschreibungen heraus und lernen Sie sich, Ihre Stärken und die Reaktionen Ihrer Kollegen besser kennen.

E – Die Extravertierten

Die Extravertierten machen in der Regel den ersten Schritt, denn sie lieben die Geselligkeit. Sie sind ungemein kontaktfreudig. Und sie lieben es, über alles, was im Umfeld passiert, auf dem Laufenden zu sein.

Karl Pohl, der DV-Kaufmann, über dessen Streifzüge durch die Abteilungen sich Peter Groda so aufregt, ist ein typischer E. Er drückt sich keineswegs vor der Arbeit. Deshalb ist er auch so verärgert, als ihm Peter Groda diesen Vorwurf unterbreitet. Nein, er ist davon überzeugt, dass es zu seiner Arbeit gehört »auf dem Laufenden zu sein«.

E's lieben die Politik der offenen Tür. Hier darf jedermann jederzeit eintreten und seine Probleme abladen. Diese Neugierde für alles, was draußen vor sich geht, führt allerdings häufig dazu, dass sich Extravertierte verzetteln.

Extravertierte brauchen Menschen um sich. Ich bin selbst extravertiert. Als Kind ging ich leidenschaftlich gern zur Schule. Nicht, weil mich der Unterricht interessiert hätte, sondern weil ich die anderen brauchte, um mich wohl zu fühlen. Wir E's brauchen Beziehungen, auch zum Denken. Wenn ich ein Konzept ausgearbeitet habe, dann brauche ich jemanden, dem ich es erzählen kann. Noch lieber ist mir allerdings das Ausarbeiten im Team. Wenn Sie als Projektleiter einen E quälen wollen, verbieten Sie ihm den »Kaffeeklatsch« mit den Kollegen. Für einen E ist das wie Isolationshaft. Seine Kreativität und sein Engagement werden dramatisch sinken.

Extravertierte sind aktiv, manchmal zu aktiv. Ich habe schon des Öfteren von meinem Mann die Empfehlung erhalten, erst zu denken und dann zu reden. Vielleicht hat Ihnen in Teamsitzungen das noch keiner gesagt, aber sicher denken es die Kollegen.

Im Schulunterricht kam es früher häufig vor, dass ich mich gemeldet habe, ohne genau zu wissen, was ich sagen wollte. Extravertierten Menschen kann es auch passieren, dass sie etwas sagen, was ihnen hinterher Leid tut. Wenn wir jedoch wissen, was wir sagen wollen, gelten wir als ausdrucksstarke Redner. Reden zu schwingen fällt uns leichter als anderen konzentriert zuzuhören.

Die Neigung zur schnellen Reaktion zeigen E's auch beim Handeln. Wir handeln rasch, dann erst reflektieren wir. In brenzligen Situationen kann unsere Handlungsstärke das Team retten. Auch möchten wir E-Typen, wo immer wir sind, die Welt verändern. Mit einem E-Kollegen wird Ihr Team also kaum wegen mangelnder Aktivität auf die Abschussliste geraten.

Und noch eins haben Sie jetzt über typische E's erfahren: Wir reden durchaus gerne über unsere persönlichen Neigungen und Fähigkeiten.

Noch einmal auf einen Blick:

Der Extravertierte (E)

- ist ein guter Redner,
- liebt die Geselligkeit,
- geht von sich aus auf andere zu,
- will beständig die Welt verändern,
- verfügt über eine große Interessensbreite,
- tankt Energie im Kontakt mit anderen,
- beobachtet engagiert das äußere Geschehen.

I – Die Introvertierten

Als I-Mensch haben Sie all die Fähigkeiten, die den Extravertierten ab und zu fehlen. Sie sind zurückhaltend. Das heißt Sie warten, bis man auf Sie zukommt. Wenn keiner auf Sie zukommt, ist das auch in Ordnung.

Wenn ein E-Typ einen I-Teamkollegen anfährt: »Mensch, warum haben Sie mir das nicht gesagt?« wird der erstaunt erwidern: »Sie haben mich nicht danach gefragt!« Deshalb müssen Sie einen I in Teamsitzungen schon aus der Reserve locken.

Introvertierte sind zwar ebenfalls gerne unter Menschen. Aber das sind dann ganz bestimmte Menschen. Introvertierte sind nicht an jedermann interessiert, sondern pflegen einen engen Freundes- und Familienkreis.

Während Extravertierte sich einsam fühlen, wenn niemand da ist, geht es Introvertierten gerade umgekehrt. Sie fühlen sich einsam, wenn sie unter vielen fremden Menschen sind. Solche Situationen bewältigen zu müssen, erleben sie als anstrengend und ermüdend. Deshalb sind Sie als I auch immer so geschafft nach den Teamsitzungen. Zumindest, bis Ihnen das Team ans Herz gewachsen ist. Ist ein I deshalb unfähig, vor Publikum zu reden? Keineswegs.

Vor einiger Zeit war ein Teilnehmer in einem meiner Seminare, der sehr erfolgreich als Präsentator für Softwarelösungen arbeitet – obwohl er hochgradig introvertiert ist. Das machte mich natürlich stutzig und ich wollte sein Geheimrezept erfahren.

Er meinte, dass er sich immer sehr tief in die zu präsentierende Materie einarbeiten würde. Vor der Gruppe unterhalte er sich dann eher mit sich selbst. Er baue keinen großartigen Kontakt zu seinen Zuhörern auf. Das verstößt nun gegen alle Regeln der Rhetorik – und trotzdem hat der Mann Erfolg! Die Erklärung: Da I-Typen sich durch Interessenstiefe auszeichnen, begeistert er sich selbst für das, was er anderen erzählt. Durch diese Begeisterung wirkt er – auch ohne großen Blickkontakt – absolut überzeugend und glaubwürdig. Außerdem steckt seine Begeisterung an.

Im Beruf gelingt es Introvertierten sehr viel besser, ungestörte Arbeitsblöcke für eine bestimmte Arbeit freizuhalten. Sie nehmen sich das Recht, ihre Bürotür für unbestimmte Zeit zuzuschließen und ihr Telefon auf Kollegen umzustellen. Nehmen Sie sich einen I in Ihr Team und Sie haben einen stillen Arbeiter, auf den Sie sich 150-prozentig verlassen können.

Wenn Sie als I-Mensch dann Zeit für ein Gespräch haben, sind Sie ein sehr guter, konzentrierter Zuhörer. Wenn Sie schließlich Kontakt zu Ihren Teamkollegen gefunden haben, sind Sie deshalb der stille Kitt, der das Team zusammenhält: der Zuhörer, Trostspender, Wiederaufrichter und Kummerkasten. Sie sind in der Lage, anderen wirklich zuzuhören, ohne sofort mit Ratschlägen die eigenen Vorstellungen in den Mittelpunkt des Gesprächs zu drängen. Deshalb werden Sie von Kunden und Kollegen gleichermaßen geschätzt. Ihre Motivation ist nicht, die Welt zu verändern, sondern sie zu verstehen.

Noch einmal auf einen Blick:

Der Introvertierte (I)

- reflektiert die Welt,
- ist ein guter Zuhörer,
- schätzt das Alleinsein,
- ist eher ruhig und still,
- wartet, dass man auf ihn zugeht,
- schöpft Energie aus sich heraus,
- verfügt über große Interessenstiefe,
- beobachtet eher das innere Geschehen.

E und I: Spannung und Harmonie im Team

Schon die beiden ersten Verhaltensneigungen E und I sagen Ihnen eine Menge darüber, warum es in einem Team Spannungen gibt oder aber Harmonie herrscht.

Ein Extravertierter redet gern und viel – und geht damit introvertierten Kollegen oft auf die Nerven. Er liebt ausufernde Diskussionen und Meetings, in denen es hoch hergeht. Er ist für jede Auflockerung zu haben. Wenn er mit diesen Neigungen in einem Team zusammen mit anderen Extravertierten arbeitet, zum Beispiel in einem Außendienst-, Werbe- oder Marketingteam, dann ist das Teamklima bestens. Denn auch die meisten anderen Teamkollegen lieben es gerne laut und turbulent. Warum? Weil auch die meisten anderen Kollegen eher extravertiert sind.

Ebenso sicher ist, dass ein Extravertierter in einem Team, das vorwiegend aus Introvertierten besteht, Probleme bekommen und Unruhe in das Team bringen wird. Beispielsweise sind Teams aus technischen Experten, Controllern, Naturwissenschaftlern, Ingenieuren, IT-Spezialisten oder Forschern oft überwiegend introvertiert besetzt. Stößt zu diesem Team dann zum Beispiel ein extravertierter Marketing-Kollege – weil es die Teamaufgabe erfordert – dann eckt er zwangsläufig an. »Dieser Marketing-Heini!« heißt es dann. Dabei hat die atmosphärische Störung im Team nichts mit dem Marketing zu tun. Aber das sieht nur jemand, der sich mit Extra- und Introversion auskennt. Zum Beispiel Sie. Sie würden auf Anhieb erkennen, dass der zungenfertige Kollege aus dem Marketing nur deshalb Unruhe ins Team trägt, weil er so extravertiert ist – nicht weil er »blöd« ist oder ein »Marketing-Heini«.

Gleichzeitig wird etwas Wunderbares passieren: Eben weil Sie den Marketing-Kollegen in seinem Wesen erkennen (können), werden Sie kaum ein Problem mit ihm haben. Wie das Sprichwort schon sagt: Alles verstehen, heißt alles verzeihen.

Sie erkennen den Extravertierten als solchen, können sich auf ihn einstellen und deshalb produktiv und angenehm mit ihm arbeiten. Umgekehrt heißt das auch: Wenn der extravertierte Marketing-Kollege wüsste, dass er extra- und der Rest vom Team introvertiert ist, dann könnte er sich von vornherein etwas in seinem Redefluss zügeln.

Wenn Sie deshalb auf die Idee kommen, mit Ihrem Team zusammen den Fragebogen von eben zu machen, dann ist das – nach einer hinführenden Einleitung zum Thema – sicher eine gute Idee. Menschen füllen gerne Persönlichkeitsfragebögen aus. Und je mehr sie über sich und die Teamkollegen wissen, desto besser wird das Teamklima und die Teamproduktivität.

N – Die Intuitiven

I und E sagen etwas über Ihre Vorlieben bei der Kontaktaufnahme aus: eher abwartend oder eher aktiv. N (Intuitive) und S (Sensitive) zeigen, wie Sie Informationen wahrnehmen. Wieder bedeutet das kein starres Entweder-oder, sondern eher ein flexibles Lieber-als. Es ist auch ganz normal, dass Sie als N einige S-Vorlieben teilen und umgekehrt. Das gilt übrigens für alle Buchstaben.

Warum N für Intuition? Das ist reiner Pragmatismus: das I war schon für Introversion vergeben.

Wenn Sie einen N-Teamkollegen fragen: »Wie kommen Sie denn auf diese Lösung?« wird der Ihnen häufig antworten: »Hm, kann ich nicht genau sagen, aber das sagt mir mein Gefühl.« Ingenieure sagen »mein mechanisches Grundverständnis«, Übersetzer »mein Sprachgefühl«. Das ist keine ausweichende Antwort: N's handeln tatsächlich intuitiv, aus dem Bauch heraus, nach Gefühl. Sie vertrauen ihrem sechsten Sinn. Während andere noch analysieren, haben sie die Zusammenhänge schon intuitiv erfasst.

N's haben ihren Blick in die Zukunft gerichtet. Wenn Sie selbst ein S sind, verwirrt Sie das. Während Sie noch am aktuellen Auftrag arbeiten, redet der N schon über den nächsten! Der N hat deswegen kein Rad ab. Es ist nur so, dass sein Hauptmotivator die Zukunft ist. Seine Freude ist mehr eine Vorfreude. Ein N redet permanent vom nächsten Projekt, freut sich darauf, reißt andere mit und wenn es dann da ist – interessiert es ihn kaum noch.

N-Typen entwickeln nämlich gerne Ideen und Umsetzungskonzepte. Die eigentliche Umsetzung langweilt sie dann schon wieder. Sie fühlen sich am wohlsten, wenn sie kreativ sein können. Das ist ein unschätzbares Plus für jedes Team. Denn gerade jetzt braucht jeder Betrieb Visionäre, die sich lieber mit der Zukunft und neuen Möglichkeiten beschäftigen. Natürlich sind N's wegen ihrer gut entwickelten Fantasie auch als Traumtänzer verschrien. Sie interessieren sich für Zusammenhänge, weniger für konkrete Details. Bei der derzeit modischen Forderung, etwas »systemisch zu betrachten«, fragen sich N's: Wie denn sonst?

Den Überblick zu behalten, ist für N's das A und O. Machen Sie nicht den Fehler und geben Sie einem N eine langwierige Aufgabe oder eine, bei der es auf absolute Genauigkeit ankommt. Entweder Sie verschleißen den N oder das Ergebnis wird einfach nicht gut. Meist passiert beides. Wie erkennt man einen N? Machen Sie den IKEA-Test.

Da ein N den großen Überblick hat, weiß er, wie das IKEA-Regal aussehen soll. Er beginnt sofort mit dem Zusammenbau, ohne vorher die Anleitung zu studieren. Hängt dann das Regal total schief an der Wand, beginnt der N erst, die Anleitung genauer anzusehen.

N-Typen sind leicht für Neues zu begeistern. Das ist für die erste Projektphase ideal. Danach ist es problematisch. Ein von mir gecoachter Geschäftsführer war sehr kreativ und begeisterungsfähig. Ständig brachte er neue Ideen in seinen Betrieb ein. Die konkrete Umsetzung verfolgte er nicht mehr. Seine Mitarbeiter waren anfangs frustriert, weil sie kein Feedback auf ihre Arbeit erhielten. Später lernten sie dann, dass sie nicht immer alles gleich umsetzen mussten. Abwarten bis zum nächsten Kreativanfall des Chefs, lautete daher ihre Devise.

Noch einmal auf einen Blick:

Der Intuitive (N)

- erfasst die Welt **intuitiv,**
- hat sehr viel Fantasie,
- richtet den Blick in die Zukunft,
- ist kreativ und theoriefreudig,
- verlässt sich auf seinen sechsten Sinn,
- hält den Überblick für das Wesentliche,
- orientiert sich an gedachten Möglichkeiten.

S – Die Sensitiven

Ist Ihr zweiter Buchstabe das S? Dann stehen Sie mit beiden Beinen auf dem Boden. Sie lassen sich von den Intuitiven nicht allzu schnell begeistern. Sie überprüfen immer erst Ihre eigene Erfahrung. Gerne hören Sie auch auf Erfahrungsberichte anderer.

Da Sie lieber statt dem sechsten Ihre fünf Sinne benutzen, agieren Sie eher aufgrund vorliegender Tatsachen anstatt aufgrund irgendwelcher gedachter Möglichkeiten. Wenn Sie einen N und einen S im Team haben, schwärmt der N immer von zukünftigen Veränderungen, während der S ihn stets wieder auf den Boden der Realität zurückholt: »Welche Punkte sind noch offen? Wer übernimmt die Moderation?«

Als Sensitiver konzentrieren Sie sich auf Tatsachen, auf das Hier und Heute. Sie leben in der Gegenwart. Deshalb gibt es unter den S-Typen viele Feinschmecker.

Auch in Gesprächen konzentrieren Sie sich eher auf das eben Gesagte, als immer schon drei Schritte voraus zu sein. Sie können sich gut auf Details konzentrieren. Die meisten Nobelpreisträger sind S-Typen, die genügend Geduld und Detailliebe für Jahre dauernde Versuchsreihen aufbringen können. Diese Detailliebe praktizieren S-Typen auch meist, wenn sie anderen von ihrer Arbeit berichten. Als Teamleiter fragen Sie: »Wie läuft es so?« und der S-Kollege wird ihnen einen zehnminütigen detaillierten Rapport erstatten.

S-Menschen neigen zum Perfektionismus. Der Umgang mit Zahlen fällt ihnen leicht. Im Finanzbereich sind fast ausschließlich Sensitive anzutreffen. Der S-Typ liest zuerst die Gebrauchsanweisung, dann baut er das IKEA-Regal auf. Wenn es nur S-Typen gäbe, wären die Hotlines der Computerfirmen so gut wie arbeitslos. S-Typen benutzen erst das Handbuch.

Peter Groda ist ein S, Karin Seita eine N. Wenn er schreiben würde, wäre er ein Handbuchautor, sie würde Science-Fiction schreiben. Er ist ein Realist, sie ist die Visionärin. Und damit ist klar, weshalb die beiden wie Hund und Katze sind: Zwischen keinem anderen Typenpaar gibt es mehr und größere Konflikte als zwischen S und N. Wenn Sie S und N im Team haben, können Sie das aus eigener leidvoller Erfahrung bestätigen. Oder liegen Sie selbst seit ewiger Zeit mit einem N im Clinch?

Die Sensitiven auf einen Blick:

Der Sensitive (S)

- liebt Details,
- ist sehr vernünftig,
- vertraut auf Erfahrung,
- lebt in der Gegenwart,
- orientiert sich an Tatsachen,
- verlässt sich auf seine fünf Sinne,
- bewegt sich auf dem Boden der Realität.

N und S arbeiten zusammen

Wenn N und S zusammen arbeiten – und sich ihrer Neigung nicht bewusst sind – dann sind Spannungen im Team meist unvermeidlich. S steht quasi für Spezialist. Ein S kann Ihnen zum Beispiel Schritt für Schritt eine neue Software erklären. Er kennt jedes Detail, jedes Pull-down-Menü des Programms. Möchte man sich in eine neue Software einarbeiten oder ein Getriebe zerlegen, dann ist ein ausgeprägter S der Kollege, den man/frau im Team haben möchte.

Sind alle anderen Teammitglieder auch S, dann herrscht eitel Sonnenschein in diesem Team, wie schon das Sprichwort sagt: Gleich und Gleich gesellt sich gern. Sitzt dagegen auch nur ein ausgeprägter N im Team, können Sie darauf wetten, dass dieser immer mal wieder Äußerungen von sich gibt wie: »Was soll denn diese Haarspalterei? Langweilen Sie uns doch nicht mit Details! Müssen wir uns so lange mit diesen Kinkerlitzchen aufhalten?« Das kommt Ihnen bekannt vor? Dann waren Sie wohl schon öfter Zeuge von N/S-Spannungen.

Der S-Kollege wiederum hat Probleme damit, dass der N auch die komplexesten Zusammenhänge oft auf einen einzigen Satz reduziert: »Das ist so und so.« Darauf wirft ihm der S gerne vor: »So pauschal können Sie das doch nicht sagen! Das muss man doch differenzierter betrachten!« Auch an solche Unmutsäußerungen erinnern Sie sich? Wie gehen solche Dialoge bei Ihnen im Team weiter? Meist kommt es zur Eskalation.

Der S sagt auf den Vorwurf hin, dass er mit Details langweile: »Aber darüber müssen wir doch unbedingt reden, wenn wir das Thema diskutieren. Das müssen Sie doch wissen!« – »Nö«, sagt daraufhin der N. »Solche Details halten doch bloß auf!«

Der N erwidert auf den Vorwurf hin, dass er zu pauschal sei: »Wir können hier doch nicht endlos diskutieren! Das muss doch endlich auf den Punkt gebracht werden!« Darauf wird der S etwas sagen wie: »Nein, so verkürzt können Sie das eben nicht sagen!«

Solche fruchtlosen Diskussionen können endlos weitergehen. Sie zerstören Teamklima und Produktivität. Sie lassen sich jedoch auf zwei Arten unterbinden:

- Wenn alle Teammitglieder ihre Verhaltensprädispositionen kennen und damit umgehen können, streiten sie sich kaum noch. Das meinte das Orakel zu Delphi, als es sich den Wahlspruch gab: »Nosce te ipsum!« Erkenne dich selbst. Wer sich selbst als S erkennt, streitet kaum mehr mit einem ebenfalls aufgeklärten N, weil beide erkennen, dass es bei dem blöden Streit gar nicht um die Sache geht, sondern nur um persönliche Neigungen. Und über Geschmack lässt sich bekanntlich nicht streiten.
- Wenn der Teamleiter seine und die Neigungen seiner Kollegen kennt, kann er erfolgreich moderieren, indem er den Interessen aller Parteien gerecht wird. Wenn ein unaufgeklärter N und ein unaufgeklärter S sich in den Haaren liegen, kann er zum Beispiel sagen: »Wir klären in aller Kürze die angeschnittene Detailfrage und betrachten uns dann das dahinter stehende große Bild.« Die Details befrieden den S, das große Bild den N.

Übrigens: Sie müssen nicht Teamleiter sein, um erfolgreich Teamspannungen zu moderieren. Jeder, der den Unterschied zwischen den menschlichen Neigungen in einem Team erkennt, kann das Team »retten«, also moderierend zwischen den Kollegen vermitteln. Das ist das Schöne an der Menschenkenntnis: Sie wirkt bei jedem und überall.

T – Die Denker

Das T kommt vom englischen Thinker. T und F (Einfühlsame) bezeichnen die Art, Entscheidungen zu treffen: vom Kopf her oder aus dem Bauch heraus.

Sind Sie ein T-Typ? Dann entscheiden Sie eher vom Kopf her. Sie entscheiden logisch. Probleme gehen Sie eher unpersönlich und analytisch an. So gewinnen Sie Abstand, die Situation objektiv zu erkennen. Als T-Mensch sind Sie ein messerscharfer Kritiker, der Schwachstellen in Konzepten sofort aufdeckt. Sie können gut Kritik austeilen. Sie sind aber auch offen, wenn Sie Kritik erhalten.

Ihre nüchterne Annäherung an Probleme lässt Ihre Kollegen oft klagen: »Was für ein unsensibler Klotz!« T-Typen, die sich nicht ihres Typs bewusst sind, verstehen nicht, wie man Probleme auch emotional angehen kann. Sie verstehen nicht, wieso andere sich nicht freuen, wenn sie ihnen Kritikpunkte mitteilen.

Die »Ja-aber-Kollegen« in Ihrem Team sind hochgradige Denker. Sie besitzen die enorme Fähigkeit, alles auf Schlüssigkeit und Durchgängigkeit zu hinterfragen. Das macht sie sehr wertvoll für ein Team. Sie verhindern, dass man vor lauter Begeisterung losläuft, bevor man nach dem Haken gesucht hat.

Der Denker besitzt ethische Grundsätze, an denen er sein Handeln und das Handeln anderer misst. In unserem Team achtet mein Mann sehr stark darauf, dass wir uns an unsere eigenen Leitsätze halten. Der Denker legt besonders großen Wert auf Fairness und nichts trifft ihn mehr, als wenn er sich unfair behandelt fühlt. Wir haben zu Hause zwei große Hunde. Wenn ich dem einen – meinem Lieblingshund – ab und zu etwas zustecke, muss ich das heimlich tun. Denn wenn mein Mann das mitbekommt, hält er mir wieder einen Vortrag über Ungerechtigkeit und wie wichtig Gleichbehandlung ist!

Als Denker legen Sie sehr viel Wert auf eindeutige, klare Absprachen. Im Team, im Projekt und ebenso in der Familie. Hierin sind Sie sehr zuverlässig. Nichts ist für Sie unangenehmer, als wenn andere sich wiederholt nicht an Absprachen halten.

Die Denker auf einen Blick:

Der Denker (T)

- ist objektiv,
- folgt der Logik,
- entscheidet vom Kopf her,
- erscheint sachlich und kühl,
- geht analytisch an Probleme heran,
- misst sich und andere an Grundsätzen,
- hat ein ausgeprägtes Verständnis für Fairness.

F – Die Einfühlsamen

Die Einfühlsamen heißen im Amerikanischen Feeler, daher das F. F-Typen sind das genaue Gegenteil von T-Menschen. F-Typen treffen Entscheidungen bevorzugt subjektiv, das heißt aus ihrem Gefühl heraus.

Vor kurzem wollten wir unser Team erweitern und hatten einige Bewerber zu Gesprächen bei uns. Nach den Gesprächen wusste ich sofort, wer mein Favorit war. Als ich das vor unserem Team begründen sollte, brauchte ich jedoch einen Moment, um meine Präferenz mit Argumenten zu untermauern. Das Gefühl war sofort da und der Verstand wurde nur gebraucht, um die Gefühlsentscheidung abzusegnen. Da wir F-Typen von unserer Entscheidung innerlich überzeugt sind, wirken wir auf andere auch ohne zahlreiche logische Argumente überzeugend.

Das sollte man wissen, wenn man einen F im Team hat. Ein Beispiel: Ich habe vor zehn Jahren ein altes Haus gekauft, weil ich mich in den Apfelbaum im Garten verliebt hatte. Ein befreundeter Banker riet mir vom Kauf ab, weil die Investition sich nicht rechnen würde. Ich kaufte trotzdem. Ich war vom Kauf überzeugt und bin es heute noch. Dass diese Überzeugung nicht auf Rentabilität fußt, ist ein anderer Punkt. Das sollten Sie bedenken, wenn Ihnen ein begeisterter F einen »überzeugenden« Vorschlag macht. Dass sich eine Entscheidung für einen F emotional rentiert, hat nichts mit der Kapitalrendite zu tun.

Wir F-Typen neigen dazu, mit anderen mitzufühlen, wenn wir von ihren Problemen hören. Wir besitzen die Fähigkeit, uns in die Situation und die Gefühle unseres Gegenübers hineinzudenken. Diese Einfühlsamkeit macht uns zu geschätzten Gesprächspartnern. Nur F-Typen leiden im Kino genau wie ihr Filmheld! Wir spüren Gefühle nicht nur stärker, sondern können sie auch ausdrücken. Verbal oder nonverbal. Uns platzt auch schon mal der Kragen. Doch in der Regel sind wir sehr harmoniebedürftig. Deshalb überlegen wir uns eher, wie Worte oder Aktionen beim anderen ankommen werden. Das ist nicht immer zu unserem eigenen Besten. Ein befreundeter Personalleiter, F-Typ, erkrankte psychosomatisch, als er viele Mitarbeiter entlassen musste.

F-Menschen sagen dem anderen nicht die Wahrheit um der Wahrheit willen. Selbst berechtigte Kritik auszusprechen kostet sie Überwindung. Sucht man nach passenden Labels für T- und F-Typen, könnte man sagen: Rationalist und Seelsorger.

Der F-Typ auf einen Blick:

Der Einfühlsame (F)

- zeigt Anteilnahme und pflegt soziale Werte,
- nähert sich Problemen subjektiv,
- reagiert persönlich oder emotional,
- zeigt und ist empfänglich für Gefühle,
- sieht und lebt die menschliche Seite,
- entscheidet aus dem Herz und dem Bauch.

Kopfmenschen und Bauchmenschen im Team

Die Begriffe »Kopfmensch« und »Bauchmensch« sind fast jedem bekannt. Trotzdem gibt es in Teams immer wieder produktivitätsvernichtende Reibereien zwischen beiden Typen. Warum? Weil wir mit den kleinen Unterschieden zwischen den verschiedenen Menschen nicht richtig umgehen können. Das haben Sie ebenfalls bereits schmerzhaft bemerkt? Klar, deshalb sind Sie ja auch hier: Sie möchten besser im Team sein.

Dazu gehört, dass sich Kopf- und Bauchmenschen in Ihrem Team wohl fühlen. Das beginnt schon mit der ersten Minute in einem Teammeeting: Die Bauchmenschen möchten erst einmal den Kontakt zu den anderen herstellen, für das richtige Teamfeeling und eine angenehme Arbeitsatmosphäre sorgen. Währenddessen scharren die Kopfmenschen bereits ungeduldig mit den Hufen: »Können wir endlich den Smalltalk vergessen und mit dem ersten Tagesordnungspunkt beginnen?«

Wenn Ihre werten Kollegen ihre Neigungen nicht kennen, fällt Ihnen die Aufgabe des Bindeglieds zwischen beiden zu. Am besten, Sie geben den Bauchmenschen etwas Warmlaufzeit, signalisieren aber gleichzeitig, dass es in Kürze mit den Sachpunkten losgeht. Diese Bindegliedfunktion werden Sie auch wahrnehmen wollen, wenn der T in seiner sachlich, kühlen und nüchternen Art unabsichtlich den F-Typen auf die Zehen steigt und diese sich beschweren: »So brutal kann man das doch nicht sagen! Sie gehen wohl über Leichen!« Dann werden Sie vielleicht das sagen, was der T meinte, aber nicht sagte: »So war das doch nicht gemeint! Niemand will hier über Leichen gehen!«

Hört sich nach viel Arbeit an? Das mag Ihre Befürchtung sein. Doch schon nach den ersten Versuchen werden Sie erfreut bemerken, wie viel Gutes Sie damit tun, wenn Sie zwischen den einzelnen Charakteren im Team vermittelnd tätig werden: Das Klima wird oft in Sekundenschnelle merklich besser. Das spricht Sie an? Vielleicht, weil Sie eher zu F neigen?

Auch inhaltlich kommt das Team viel schneller voran, weil nicht mehr so lange fruchtlos gestritten wird. Das freut Sie viel mehr? Sie neigen wohl eher zu T?

J – Die Judges

Die letzten beiden Paare, J und P (Perceiver), geben Auskunft über Ihre generelle Einstellung zum Leben. Fällt es Ihnen leicht, sich festzulegen oder bleiben Sie lieber offen?

Judges (to judge – urteilen) sind Menschen, die gern alles geregelt haben. Sie urteilen über das, was sie umgibt: gut – schlecht, billig – teuer, aufregend – langweilig ... Ein J-Typ hat keine Probleme sich festzulegen. Das erkennen Sie schon an der Art und Weise, wie er sein Zeitplanbuch führt: möglichst alles wird eingetragen. Wenn Sie einen J fragen, wie er seinen Urlaub plant, bekommen Sie Antworten wie: lange im Voraus; mit Reiseführern und Sprachkurs; mit Checklisten.

Als Judger planen Sie nicht nur gern, Sie halten diese Planung auch ein. Einmal getroffene Entscheidungen werfen Sie in der Regel nicht mehr um. Das trifft auf die Terminplanung ebenso zu wie auf Urteile über Menschen. Im Positiven wie im Negativen. Einem Freund oder Partner halten Sie unverbrüchliche Treue. Da muss es schon ganz dick kommen, bevor Sie Ihre Urteile revidieren.

In Teamsitzungen erkennen Sie Judger daran, dass sie einen festen Rahmen wollen: Wann findet was statt, wie lange, mit welchen Methoden? Sie wollen wissen, worauf genau sie sich eingelassen haben. Nach vereinbarten Kaffeepausen sitzen sie absolut pünktlich wieder auf ihren Plätzen, weil Termine eingehalten werden.

J-Typen planen gerne langfristig. Sie haben kein Problem damit, sich durch Familie, Haus oder Firma festzulegen. Ich glaube inzwischen, dass sich J-Menschen sogar in der Einrichtung ihrer Wohnung unterscheiden. Sie sparen so lange, bis sie die Einbauküche kaufen können, die es dann aber auch wirklich ist: »So etwas kauft man ja schließlich nur ein Mal im Leben!«

J-Menschen arbeiten sehr ergebnisorientiert, was ausgesprochen nützlich für ein Team ist. Wenn sie sich erst einmal auf ein Ziel eingelassen haben, verfolgen sie dieses ohne Wenn und Aber und dulden keine Ablenkung.

Lassen Sie einen J-Kollegen eine Präsentation machen und staunen Sie über seine Vorbereitung. Da bleibt nichts dem Zufall überlassen. Das Konzept ist exakt vorbereitet. Nach jeder Präsentation wird es überarbeitet und verfeinert. J-Menschen haben einen ausgesprochenen Ordnungssinn. Wenn das ein P-Kollege nicht versteht, wird er Ihnen vorwerfen: »Sei doch nicht so pedantisch! Stelle dich einfach vor die Leute hin und erzähl was!« Das jedoch darf man keinem J-Kollegen sagen. Es gibt für ihn nichts Schlimmeres, als wenn andere seine Ordnung ignorieren.

Der J-Typ auf einen Blick:

Der Judger (J)

- liebt Ordnung,
- plant langfristig,
- hat gern alles geregelt,
- arbeitet ergebnisorientiert,
- trifft Entscheidungen gerne und endgültig.

P – Die Perceiver

Perceiver (to perceive – wahrnehmen) legen sich nicht gerne fest. Wer weiß, was noch alles passieren kann. Man muss flexibel bleiben und offen für Eventualitäten. Als P wirken Sie auf andere häufig unentschlossen. Manchmal entscheiden Sie schnell, werfen die Entscheidung aber genauso schnell wieder um. Fragt man einen P-Menschen, wie er seinen Urlaub plant, erhält man Antworten wie: eigentlich gar nicht; last minute; einfach mit dem Wohnmobil losfahren und bleiben, wo es schön ist ...

Auch als P-Mensch müssen Sie beruflich Termine planen und einhalten. Trotzdem sieht Ihr Zeitplanbuch eher wie ein Notizkalender aus. Nur das Nötigste ist festgehalten. Diese Art von Ordnung liegt Ihnen nicht. Wenn Sie im Beruf die Terminplanung nicht umgehen können, kompensieren Sie in der Freizeit. Sie verabreden sich nicht, sondern sagen: »Wir telefonieren am Samstag dann mal zusammen. Vielleicht haben wir ja Lust, gemeinsam etwas zu unternehmen.« Oder Sie sagen: »Ich komme so zwischen ...«

P-Kollegen machen einem die Bewerberselektion nicht gerade leicht. Sie legen sich auch bei der Beurteilung anderer Menschen nur ungern fest: »Er gefällt mir ganz gut, andererseits scheint er nicht sehr up to date zu sein.« P-Menschen können auch bei ihrer Wohnungseinrichtung gut mit Provisorien leben. Jetzt so, vielleicht später einmal anders.

Da P-Menschen nicht festgelegt sind, sind sie die idealen Erkunder und Springer im Team. Sie reagieren spontan und flexibel auf neue Situationen und Kunden. Sie haben nur einen Grobfahrplan im Kopf. Wenn der Kunde mitten im Auftragsgespräch ein brennendes Problem entwickelt, können sie sofort darauf eingehen, ohne ein saures Gesicht zu ziehen, weil das mit dem eigentlichen Auftrag ja nichts zu tun hat.

Wenn Sie P-Mensch sind, haben Sie Spaß an der Moderation von Teamsitzungen. Denn Sie lieben es, offene Prozesse zu steuern. Sie fühlen auch eine starke Neigung zu beraterischer Tätigkeit, weil Sie da offen für alles sein müssen. Sie sind obendrein ein guter Berater, da Ihre Flexibilität Ihnen immer wieder hilft, festgefahrene Wege zu erkennen und infrage zu stellen.

Charakteristisch für Judges sind Ausspruch und Haltung: »So wird es gemacht.« Typisch für Perceiver: »Schau'n mer mal, dann seh'n mer schon.«

Der P-Typ auf einen Blick:

Der Perceiver (P)

- ist flexibel und spontan,
- liebt das kreative Chaos,
- kann sich gut anpassen,
- ist verfahrens- und prozessorientiert,
- schiebt Entscheidungen gerne auf,
- oder wirft sie wieder um.

J und P im Team

Wie erkennen Sie J und P in Ihrem Team? Eigentlich ganz einfach: Schauen Sie zur Tür. J-Menschen sind bei acht von zehn Meetings absolut pünktlich. Wenn das Meeting 14 Uhr beginnt, sitzen sie (spätestens!) schlag 14 Uhr im Meetingraum. Der spontane P-Typ kommt in acht von zehn Fällen fünf, zehn Minuten zu spät und reagiert auf Vorhaltungen seiner J-Kollegen ehrlich erstaunt: »Wieso zu spät? Die paar Minuten! Was soll der Aufstand?«

Am Unterschied zwischen J und P entzünden sich in Teams oft die schlimmsten Streitereien. »Der Kollege ist total unzuverlässig«, heißt es dann. »Der hält sich weder an verbindliche Zusagen noch an Terminabsprachen! Mit so jemandem kann ich nicht zusammen arbeiten!« Wer sagt das? Natürlich der J. Was sagt der P dazu? Etwas in der Art: »Wieso soll ich mich sklavisch an Absprachen von letztem Monat halten, wenn sich in der Zwischenzeit die Sachlage völlig geändert hat? Mann, sei doch ein wenig flexibel!«

An diesem Beispiel erkennen wir etwas, das für alle Verhaltenspaare gilt: I und E, N und S, T und F, J und P – das sind keine Gegensätze! Sie erscheinen uns zwar oft so. Vor allem, wenn die lieben Kollegen sich mal wieder kräftig fetzen. Doch wenn wir wirklich ein gutes und produktives Team wollen, dann benötigen wir beide. Wir brauchen den J-Kollegen, der sich aufs I-Tüpfelchen an Vereinbarungen hält. Und wir brauchen den P-Kollegen, der erkennt: »Was wir gestern beschlossen haben, gilt heute schon nicht mehr. Die Welt hat sich weiter gedreht.« Und wenn beide nicht wissen, welcher Neigung sie bevorzugt nachhängen, sind Sie für das Team erforderlich, damit Sie sagen können: »Lacht nicht, aber ihr habt beide Recht. Wir benötigen verbindliche Absprachen, sonst weiß doch keiner, was er bis wann tun soll. Und wir brauchen die Klugheit, zu erkennen, wann wir eine Absprache ändern müssen, um mit veränderten Rahmenbedingungen Schritt zu halten.«

Das ist Teamführung. Das macht ein wenig Aufwand. Doch das unterscheidet Spitzenteams von Durchschnittsteams. Letztere arbeiten rein sach- und aufgabenorientiert – und verlieren mächtig Zeit, Arbeitsklima und Produktivität, wenn die einzelnen Charaktere im Team sich in die Wolle kriegen. Das Spitzenteam dagegen führt nicht nur seine Aufgabe zu Ende, sondern führt daneben auch noch sich selbst. Das ist der kleine Unterschied, der den großen Unterschied macht.

Sind Sie glücklich?

Sie kennen jetzt Ihren Typ. Sie kennen auch Ihre derzeitige Arbeitsaufgabe. Passen beide zusammen?

Angenommen Sie sind I-Mensch und stehen als Introvertierter beruflich in starkem Kundenkontakt. Jeden Tag müssen Sie auf andere zugehen. Dann kommen Sie abends wahrscheinlich ziemlich gerädert nach Hause und wollen niemanden außer Ihrer engsten Familie um sich haben. Auch am Wochenende werden Sie sich ganz zurückziehen, um zu regenerieren.

Sie können beides unter einen Hut bringen: die berufliche Pflicht zum Kundenkontakt und Ihre Neigung zum Alleinsein. Die Frage ist nur: zu welchem Preis?

Angenommen Sie sind hochgradig intuitiv (N) oder kreativ. Ihr Job ist aber die Überwachung von Zahlenkolonnen. In Ihrer Freizeit können Sie keine Zahlen mehr sehen und toben Ihre aufgestauten kreativen Energien aus. Es fragt sich: Reicht Ihnen dieses Bratkartoffelverhältnis zum eigenen Leben?

Die Auseinandersetzung mit Ihrem Typ kann für Sie die Fragen aufwerfen: Bin ich an der richtigen Aufgabe im richtigen Betrieb? Wenn Ihnen da Zweifel kommen, sollten Sie bedenken: Wenn Typ und Aufgabe nicht zusammenpassen, leiden in der Regel beide. Sie arbeiten praktisch mit angezogener Handbremse – und das Arbeitsergebnis sieht danach aus. Sie vergeuden Ihre Energie an eine Aufgabe, die nicht zu Ihnen passt. Sie stecken viel rein und wenig kommt zurück.

Können Sie sich dagegen vorstellen, wie viel Spaß und Freude eine Tätigkeit machen kann, die voll zu Ihrem Potenzial passt? Jeden Tag steigt ein Manager aus und macht das, wofür er eigentlich geboren ist.

Viele Facharbeiter nehmen das Wagnis der Selbstständigkeit auf sich und blühen dabei auf. Aber so extrem müssen Sie nicht einmal handeln.

Denken Sie an den introvertierten Präsentator für Software. Er hasst die vielen fremden Menschen eigentlich. Aber er hat seine Aufgabe so restrukturiert, dass er sie nicht nur »trotzdem« machen kann, sondern auch noch die Erfüllung findet, die er als Introvertierter braucht: ganz in ein Thema versinken. Diese Fähigkeit, eine eigentlich verhasste Aufgabe in eine erfüllende zu verwandeln, vermittelt sehr praktikabel das Neurolinguistische Programmieren (NLP). Schnuppern Sie einfach einmal bei einem NLP-Seminar rein oder lesen Sie ein NLP-Buch.

Also: Sie müssen nicht gleich Ihren Job aufgeben. Aber sehen Sie der Diskrepanz zwischen Ihrem Typ und Ihrer Aufgabe ins Auge. Täglich, stündlich – wann immer eine neue Aufgabe auf Sie hereinschneit. Und passen Sie die Aufgabe Ihrem Typ an. Nicht umgekehrt. Tun Sie es bald. Am besten vor dem Burnout, vor dem Herzinfarkt, vor dem Magengeschwür oder der nächsten Migräne, bevor der Chef oder die Kunden bemerken, dass Sie mit gezogener Handbremse fahren und auch vor dem Punkt, an dem Ihnen alles »hier« steht.

Die Kerntypen

Sie kennen jetzt die vier Buchstaben, die Ihren Typ beschreiben. Sie wissen auch, wofür die einzelnen Buchstaben stehen. Wenn Sie sich noch entfernt an die Kombinatorik in Ihrem Mathematik-Schulunterricht erinnern, können Sie kombinieren: Bei vier Buchstaben sind 16 Persönlichkeitstypen möglich. Das ist ein wenig viel, um damit in Ihrem Team zu arbeiten. Man verliert schnell die Orientierung.

Einfacher wird es, wenn Sie sich auf die vier Kerntypen konzentrieren. Ein Kerntyp wird durch die beiden mittleren Buchstaben beschrieben: SF, ST, NT, NF. Die Konzentration auf die mittleren Buchstaben ist keine Bequemlichkeit. Die mittleren Buchstaben beschreiben vielmehr zwei zentrale Verhaltensdispositionen: nämlich wie ein Mensch Informationen wahrnimmt und wie er daraufhin Entscheidungen fällt. Schauen wir uns die vier Kerntypen näher an.

Der SF-Typ

Der SF-Typ ist sensitiv und einfühlsam. Das heißt, er verlässt sich auf seine fünf Sinne und pflegt Beziehungen aktiv. Er arbeitet sehr gewissenhaft, konzentriert sich dabei auf Tatsachen und Fakten.

Wenn Sie ein SF sind, fühlen Sie sich wohler und/oder arbeiten besser im Team. Sie brauchen Teams. Die Art der Zusammenarbeit ist für einen SF die Grundlage seiner Arbeitszufriedenheit. Ein SF in Ihrem Team entwickelt ein starkes Wir-Gefühl und interessiert sich auch für die privaten Sorgen und Gedanken der anderen Teamkollegen. Ein SF ist ungemein hilfsbereit. Ein richtiger Teamsonnenschein.

Ein SF-Teamkollege engagiert sich für das Projekt nicht um der Aufgabe willen, sondern den Kollegen zuliebe. Auch wenn er das nicht bewusst reflektiert.

Wenn Sie einen SF kritisieren, zieht er sich in der Regel beleidigt in sein Schneckenhaus zurück. Da er Kritik sehr persönlich nimmt, geht er Konflikten gerne aus dem Weg. Er nimmt sie einfach nicht zur Kenntnis. Einen SF führen Sie am besten mit großer Betonung auf der Beziehungsebene. Sind Sie selbst SF, behalten Sie Ihre eigene Konfliktschwäche im Auge.

Der ST-Typ

Der ST-Typ ist sensitiv und ein kühler Denker. Er verlässt sich auf seine fünf Sinne und hat seine Grundsätze. Im Gegensatz zum SF erledigt dieser Typ eine Aufgabe wegen der Aufgabe und nicht den Kollegen zuliebe. Er liebt Details und möchte seine Aufgabe perfekt erledigen. Er hält es für seine Pflicht, das Beste aus einer vorgegebenen Situation zu machen. Er ist das Arbeitstier im Team. Hierbei scheut er es jedoch, neue Wege auszuprobieren. Mit seiner Grundsatztreue ist er eher der Beständige. Wenn Sie im Team radikal neue Wege gehen müssen, geben Sie dem ST zu verstehen, dass das keine Missachtung seiner Grundsätze ist.

Termintreue ist für den ST eine Verpflichtung. Er wird im Team wegen seiner absoluten Zuverlässigkeit geschätzt. Wenn jedoch andere Teammitglieder sich nicht an Absprachen halten, scheut ein ST in der Regel nicht den Konflikt und bringt seine Kritik direkt und unverhohlen an. Eine Bevorzugung Einzelner im Team hält der ST für unerträglich. Achten Sie als Teamleiter also verstärkt auf explizite Fairness, wenn ein ST im Team ist.

Ein ST handelt von der Sache her. Für Prozesse auf der Beziehungsebene ist er häufig blind und verletzt auch schon mal die Gefühle der F-Typen im Team. Da sollten Sie moderierend ausgleichen.

Der NT-Typ

Der NT-Typ nimmt Informationen intuitiv auf und entscheidet vom Kopf her. Als Denker begeistert er sich für komplexe und schwierige Aufgaben. Diese geht er sehr systematisch an. Er kann sich darin so vertiefen, dass er alles um sich herum einfach ausblendet. Wenn Ihre Teamaufgabe also plötzlich einen Komplexitätsschub erfährt, setzen Sie den NT als Pionier zur Komplexitätsreduzierung ein. Er lässt sich nicht wie die anderen vom Gordischen Knoten entmutigen. Setzen Sie ihn aber um Gottes willen nicht für Routinearbeiten ein. Da ist sein kolossaler Denkapparat schlichtweg unterfordert. Routine nervt den NT. Denn er will sich und seine Kompetenz beweisen.

Mit einem NT im Team sind Sie als Moderator gefragt. Der NT hat an privatem Gedankenaustausch eher weniger Interesse. Er wirkt nach außen kühl und distanziert. Da sollten Sie als Kollege oder Teamleiter den irreführenden äußeren Eindruck gegenüber den Kollegen korrigieren.

Mit ihrem hohen Potenzial sind NT etwas problematisch für ein Team. Sie ignorieren bürokratische Vorgaben, um ein Ziel zu erreichen. Als Teamleiter sollten Sie wissen: Das ist keine Insubordination! Der NT ist lediglich zielverliebt. Das sollten Sie nicht bekämpfen, sondern nutzen. Wenn Sie selbst NT sind, sollten Sie wissen: Sie haben die Tendenz, sich unbewusst mit den Autoritäten anzulegen.

Zwar scheut der NT keinen Konflikt und spricht Kritik offen an. Im Gegensatz zum praktischen ST untermauert er seine Kritik jedoch tendenziell nicht mit einzelnen Argumenten oder Beispielen. Weil er als N eben die große Linie sieht. Das kann dann leicht als ungerechtfertigte Pauschalkritik missverstanden werden (Moderationsbedarf!). Das ist auch der Grund, weswegen ST- und SF-Typen dem NT regelmäßig vorwerfen, nicht genügend Informationen an andere weiterzugeben. Der N sieht das große Bild und die S wollen Details.

Der NF-Typ

Der NF-Typ nimmt seine Umwelt intuitiv wahr und legt Wert auf Beziehungspflege. Er begeistert sich für neue Aufgaben (N) und reißt andere mit. Dafür führt er begonnene Aufgaben manchmal nicht zu Ende, weil er zwischenzeitlich schon wieder von einer neuen Aufgabe begeistert ist.

Unter einem schlechten Teamklima leidet der NF wegen seines F besonders. Verbessern Sie das Klima, steigt seine Arbeitsleistung. Sein F macht den NF sehr hilfsbereit, was klimaförderlich ist. Deshalb lässt er sich auch jederzeit unterbrechen, um zu helfen. Das wiederum ist leistungshemmend. Der NF kommt öfters erst abends dazu, seine eigentliche Aufgabe zu erledigen.

Der NF hat eine grundsätzlich positive Lebenseinstellung und denkt nicht allzu lange über eventuelle Probleme nach. Vorsicht sollten Sie daher bei der Aufgabenverteilung im Team walten lassen: Der NF kann bei der Planung auch einmal Details übersehen. Dafür ist er stets offen für Neues. Neues müssen Sie ihm aber im größeren Sinnzusammenhang präsentieren, sonst blockt er ab: »Was soll das Ganze?« Der NF braucht immer das ganze Bild. Das sollten Sie unbedingt beachten.

Im Überblick: Die vier Funktionen

- *Ihre Einstellung zur Umwelt:* extra- (E) oder introvertiert (I)
- *Ihre Wahrnehmungsfunktion:* mit Ihren fünf (S) oder mit Ihrem sechsten Sinn (N)
- *Ihre Entscheidungsfunktion:* vom Kopf her (T) oder aus dem Bauch heraus (F)
- *Ihre Lebenseinstellung:* urteilend (J) oder wahrnehmend (P)

Was ist Ihre Stärke?

Sie kennen jetzt Ihren Kerntyp, also Ihre beiden Kernfunktionen: Wahrnehmungs- (N oder S) und Entscheidungsfunktion (F oder T). Welche von beiden ist stärker? Welche beeinflusst Ihr Verhalten stärker und prägt Ihr Leben tiefer? Welches ist Ihre so genannte dominante Funktion?

Hier helfen Ihnen jetzt die Buchstabenpaare der ersten und der vierten Stelle. Beide bezeichnen unsere Einstellungen: Das Paar auf der ersten Stelle steht für die Präferenz für die Innenwelt (I) oder für die Außenwelt (E), das Paar auf der vierten Stelle steht für die Präferenz unserer Begegnung der Außenwelt, nämlich ob wir dieser eher wahrnehmend und beobachtend (P) begegnen oder eher mit unserer zweiten Kernfunktion, nämlich bewertend und beurteilend (J).

Ihre eigene dominante Funktion können Sie nun in zwei Schritten herausfinden.

- Betrachten Sie zuerst den letzten Buchstaben. Er zeigt Ihre grundsätzliche Einstellung zum Leben draußen.
  P (wahrnehmen) beispielsweise heißt: Nach außen zeigen Sie verstärkt Ihre Wahrnehmungsfunktion (N oder S). Ihre Entscheidungsfunktion (F oder T) ist stärker nach innen gerichtet.
- Im zweiten Schritt ermitteln Sie nun Ihre dominante Funktion. Betrachten Sie dazu Ihren ersten Buchstaben.
  Der außenorientierte E-Typ benutzt seine dominante Kernfunktion im Kontakt mit der Welt um ihn herum und zeigt sich von seiner besten Seite; bei E_ _P ist das zum Beispiel das zurückhaltend Wahrnehmende (S oder N), bei E_ _J das zügig Beurteilende (T oder F). Etwas anders verhält es sich jedoch beim I-Typ. Da dieser nämlich die dominierende Funktion seiner Innenwelt benutzt, zeigt er sich nach außen sozusagen lediglich von der zweitbesten Seite; bei I_ _P ist das dann die beurteilende Funktion (F oder T), bei I_ _J die wahrnehmende Funktion (S oder N).

Alle Typen mit ihren jeweils dominanten Funktionen (hervorgehobener Buchstabe) im Überblick:

E**S**TP	ES**T**J	E**S**FP	ES**F**J	E**N**TP	EN**T**J	E**N**FP	EN**F**J
IS**T**P	I**S**TJ	IS**F**P	I**S**FJ	IN**T**P	I**N**TJ	IN**F**P	I**N**FJ

Damit Sie es sich besser vorstellen können, zeigen wir es an einem konkreten Beispiel: Sie sind oder Sie kennen einen ISFJ. Welche Funktion wirkt nach außen, welche prägt sein Leben?

- J (urteilen) bedeutet: F (Entscheidungsfunktion) wirkt nach außen und S nach innen.
- I sagt: Alles Wesentliche spielt sich innen ab.
- Also ist S die dominante Funktion. Diese Funktion prägt im besonderen Maße die persönliche Entwicklung.
  Ein ISFJ zeigt nach außen eher seine gefühlsmäßig bewertende Seite, verlässt sich aber in seinem Innern eher auf seine fünf Sinne.

Was ist nun Ihre dominante Funktion?

Mein vierter Buchstabe ___ bedeutet, dass ___ meine nach außen gerichtete Funktion ist.

Mein erster Buchstabe ___ bedeutet, dass es sich hierbei um meine
☐ dominante
☐ sekundäre Funktion handelt.

Der vierte Buchstabe sagt, welche Funktion nach außen gerichtet ist.
- P (wahrnehmen) heißt: Wahrnehmung wirkt nach außen (N/S).
- J (urteilen) heißt: Entscheidung wirkt nach außen (F/T).

Ihr erster Buchstabe sagt, welche Funktion dominant ist.
- I: nach innen gerichtete Funktion ist dominant (bei P: F/T; J: N/S).
- E: nach außen gerichtete Funktion ist dominant (P: N/S; J: F/T).

Ihre dominante Funktion

Sie kennen jetzt Ihre dominante Funktion. Sie umfasst die Stärken, auf die Sie sich besonders verlassen können. In der Entwicklung des Menschen spielt die dominante Funktion von Anfang an eine herausragende Rolle. Sie ist die erste differenziert ausgebildete Funktion. Unser Bestreben zielt in unserer Entwicklung darauf, diese Funktion zu perfektionieren. Der andere Buchstabe des jeweiligen Buchstabenpaares ist die von uns besonders vernachlässigte Funktion.

> Das Große ist nicht, dies oder das zu sein, sondern man selbst zu sein.
> *(Sören Kierkegaard)*

Dominante Funktion N

Sind Sie dominant N, dann stehen Sie in der Regel mit Ihrem sensitiven Persönlichkeitsanteil (S) auf dem Kriegsfuß. Ihre herausragende Stärke – nämlich Ihr Gespür für Möglichkeiten und Ihre ausgeprägte Kreativität – beinhaltet damit gleichzeitig Ihre persönliche Schwachstelle: Ihre Abneigung vor Routinetätigkeiten: Zudem übersieht Ihr eher großzügiger Blick bisweilen Stellen, wo es wirklich auf das Detail ankommt. Sie sind in Gedanken permanent schon im Morgen, sodass Sie die Gegenwart häufig übersehen.

Dominante Funktion S

Wenn Sie dominant S sind, läuft die Sache genau umgekehrt. Ihre herausragende Stärke ist es, vorhandene Fakten genau und detailliert zu analysieren. Ihr Realitätsbezug lässt Sie jederzeit das Machbare erkennen. Leider übersehen Sie dann vielleicht neue Möglichkeiten und Chancen. Zu schnelle Veränderungen sind Ihnen unangenehm und Sie wehren sie ab.

Da Ihr Blick in die Gegenwart geht, können Sie akute Situationen meistern. Es fehlt Ihnen jedoch der visionäre Blick in Richtung Zukunft.

Dominante Funktion F

Ist Ihre dominante Funktion F, dann haben Sie ein herausragendes Gespür für das Zwischenmenschliche. Sie sind in der Lage, etwas für die gute Atmosphäre bei der Arbeit und privat zu tun. Rein sachliche und logische Aspekte übersehen Sie leicht. Ihre guten zwischenmenschlichen Sensoren machen Sie oft sehr empfindlich gegenüber Verhaltensweisen anderer.

Das größte Glück ist die Persönlichkeit; mit sich selbst eins zu sein. *(Goethe)*

Dominante Funktion T

Ganz anders, wenn Ihre dominante Funktion das T ist. Als hervorragender Analytiker sind Sie in der Lage, sehr vernünftig und logisch an Sachverhalte heranzugehen. Da Sie alles eher von einer distanzierten Warte aus sehen, behalten Sie auch in hitzigen Debatten einen kühlen und klaren Verstand. Sie überhören oder übersehen jedoch leicht gefühlsmäßige Signale Ihrer Gesprächspartner und verletzen andere schon einmal, ohne dass es Ihnen bewusst wird.

Dominanz im Team

Sobald Sie auch die dominanten Funktionen Ihrer Teamkollegen erfahren, wird Ihnen sicher manches klar: wer mit wem und warum kann und wer mit wem und warum nicht. Konflikte, die Sie bislang völlig überraschten, werden nun absolut vorhersehbar – und vermeidbar.

Zwischen Kollegen mit gegensätzlichen dominanten Funktionen kracht es regelmäßig. Nichts nervt einen N-Dominanten mehr als ein echter S-dominanter »Erbsenzähler«. Umgekehrt hält der S-Dominante den N-Dominanten für einen Spinner und Traumtänzer. Für einen T-Dominanten gibt es nichts Schlimmeres als die »Gefühlsduseleien der Weicheier« (F), während es einen F-Dominanten vor der »Kaltschnäuzigkeit« der T-Dominanten gruselt.

Jetzt sehen Sie auch, weshalb Kollegen mit identischen Kerntypen so gänzlich unterschiedlich reagieren können. Zum Beispiel ESFJ und ESFP Beide haben den gleichen Kerntyp: SF. Beim ESFJ ist jedoch das Gefühl dominant (F). E sagt darüber hinaus: Die dominante Funktion F ist nach außen gerichtet. Der ESFJ wird seine Gefühle also stark nach außen kommunizieren. Er zeigt anderen, ob er sich freut oder ärgert. Sowohl Freudentränen als auch Wutausbrüche lebt er offen aus. Seine ganze Redeweise ist ungemein gefühlsbetont. Seine Mimik verrät, was er denkt.

Beim ESFP dagegen ist S dominant, das Gefühl (F) also untergeordnet. Außerdem wirkt F nach innen. Der ESFP wird also nach außen viel weniger gefühlsbetont auftreten, sondern sich eher innerlich auf sein gefühlsmäßiges Urteil verlassen.

Beispiele: Schwingen Sie den Bleistift!

Gerade weil die dominante Funktion über Spannung oder Harmonie im Team entscheidet, sollten Sie sie relativ sicher erkennen können. Deshalb zur Übung Ihrer diagnostischen Fertigkeit folgende Profile. Welche Funktion ist dominant?

Profil	**nach außen wirkt**	**dominant**
ENTP		
INTJ		
ESTJ		
ISFP		

Falls Sie noch etwas unsicher sind, hier die Lösungen:

Profil	**nach außen wirkt**	**dominant**
ENTP	N	N
INTJ	T	N
ESTJ	T	T
ISFP	S	F

Gefangen im eigenen Käfig?

Sie kennen nun Ihre dominante Funktion. Heißt das, dass Sie so und nicht anders sind? Immer?

Nein. Denn Ihre Buchstaben beschreiben kein starres Verhalten, sondern Präferenzen. Also lediglich Vorlieben. In bestimmten Situationen neigen Sie eher zu den beschriebenen Verhaltensweisen. Hier stellen Teilnehmer in unseren Seminaren für gewöhnlich die Frage: »Aber wenn diese beschriebenen Verhaltensweisen eher ungünstig in der spezifischen Situation sind, kann ich mich dann auch ändern?«

Nur wer sich ändert, bleibt sich treu. *(Wolf Biermann)*

Aber natürlich. In der Regel haben Sie im Fragebogen ja keine Extremwerte wie S:N = 20:0. Ihre Werte liegen eher in der Mitte, beispielsweise 12:8. Vielleicht haben Sie sogar einen oder mehrere x-Werte (10:10). Das zeigt Ihnen, dass Sie jeweils beide Funktionen besitzen. Meist nur in unterschiedlich starker Ausprägung. Das heißt: Sie können selbst wählen, welcher Funktion Sie in welcher Situation den Vorzug geben möchten.

Das ist eine Erkenntnis von großer Tragweite: Nur wer erkennt und akzeptiert, dass er in bestimmten Situationen nicht sein geheimes Drehbuch nachspielen muss, sondern frei wählen kann – nur der ist flexibel.

Hier fragen unsere Seminarteilnehmer regelmäßig: »Aber wären dann nicht lauter x-Werte optimal?« Die Antwort lautet: »Ja und Nein.« Der Vorteil eines x-Wertes ist, dass Sie schon von Natur aus flexibel sind. Sie können in bestimmten Situationen mal so, mal anders agieren. Der Nachteil hiervon ist, dass Sie von Ihren Partnern nie richtig eingeschätzt werden können: »Bei dem weiß man nie, woran man ist.«

Lernen Sie Ihr Team kennen

Das Profil Ihres Teams

Was für Sie gilt, gilt gleichermaßen für Ihr Team. Ihre Teammitglieder verhalten sich ebenso nach ganz bestimmten Mustern. Wenn Sie diese kennen, können Sie Team und Teamleistung verbessern. Also: Lernen Sie Ihr Team kennen, wie Sie sich eben selbst kennen gelernt haben.

Ideal wäre es natürlich, wenn Sie mit Ihrem Team zusammen den Fragebogen machen könnten. In Teams mit halbwegs intaktem Klima sind alle recht neugierig, was so ein Test aussagt. Die meisten Menschen mögen Tests. Das sieht man an den vollgekritzelten Tests in den Zeitschriften der Arztwartezimmer.

Es besteht aber häufig eine Scheu, einen Test offen im eigenen Team durchzuführen. Da erfährt ja dann jeder, was für ein Typ ich bin! Diese Schwellenangst verlangt nach ein bisschen Moderationsgeschick. Da es bei unserem Fragebogen nur Gewinner gibt, können Sie Ihren Teammitgliedern im Vorfeld das Unbehagen nehmen: Jede Präferenz hat ihre besonderen Stärken, »Seelenstriptease« wird es keinen geben.

Wir arbeiten nun seit vielen Jahren mit dieser Typologie und hatten in der ganzen Zeit noch keinen einzigen Teilnehmer, der mit seinem Ergebnis unzufrieden gewesen wäre. Das Gegenteil ist meistens der Fall. Alle sagen etwas wie: »Ja, darin kann ich mich wiedererkennen.«

Natürlich lässt sich selbst die friedlichste Technik missbrauchen. Es gibt Trainer, die reisen mit dieser Typologie durch die Lande und sagen im Führungsnachwuchstraining nach dem Test einzelnen Teilnehmern: »Mit diesem Profil haben Sie in diesem Unternehmen nichts zu suchen!« So tatsächlich passiert in einem großen Stuttgarter Unternehmen. Das liegt dann aber an der (fehlenden) Ethik des Trainers. Nicht an der Methode.

Die Teammatrix

Wenn Sie Ihren Teammitgliedern über die Schwellenangst geholfen haben, streichen Sie den Nutzen für die zukünftige Zusammenarbeit heraus: Der Fragebogen wird dem Team helfen, sich gegenseitig besser zu verstehen, die Aufgaben optimal zu verteilen, höhere Leistung zu bringen und mehr Spaß bei der Arbeit zu haben. Wenn jeder das Strickmuster des anderen kennt, lassen sich 90 Prozent der Konflikte vermeiden und die restlichen leichter bewältigen.

Wenn Ihre Teammitglieder neugierig geworden sind und den Fragebogen ausfüllen, sollten Sie danach die einzelnen Buchstaben kurz erläutern. Das hilft Ihren Kollegen, ihr Ergebnis besser zu verstehen und ihre eigenen Prädispositionen schätzen zu lernen. Erstellen Sie danach gemeinsam das Teamprofil. Verwenden Sie dazu ein Flipchart und möglichst Moderationsstifte in unterschiedlichen Farben. Zeichnen Sie folgende Matrix auf das Chart:

E	x	I
10	5	10
N	x	S
20	10	20
F	x	T
20	10	20
P	x	J
20	10	20

Die einzelnen Teammitglieder tragen jetzt ihr Profil auf der Matrix ein. Hierbei spielen nur die Buchstaben ihrer Präferenzen eine Rolle. Wenn Sie beispielsweise E:I = 8:2 Punke haben, tragen Sie mit Ihrer Farbe nur bei E = 8 einen Punkt ein. Verbinden Sie alle vier Punkte Ihres Profils mit Ihrer Farbe. Verfahren Sie so mit jedem Teammitglied. Erarbeiten Sie nun gemeinsam:

- Wie ist die Verteilung im Team?
- Recht homogen oder recht heterogen?
- Das heißt, liegen alle Einzelprofile nahe beieinander?
- Oder streuen die einzelnen Profile sehr weit?
- Haben Sie also von jedem etwas in Ihrem Team?
- Oder ähneln Sie sich alle stark?

Diese Verteilung Ihres Teamprofils sagt Ihnen alles, was Sie über Ihr Team wissen müssen. Arbeiten Sie mit Ihrem Team aufgrund dieser Verteilung heraus:

- Wo liegen die Stärken des Teams?
- Welche Synergie-Effekte können in Zukunft noch besser genutzt werden?
- Welche Konflikte sind nun nachträglich viel besser verständlich?
- Welche Schwächen und Gefahren liegen im Teamprofil?
- Wo hat unser Team einen Überhang?
- Welche Koalitionen gibt es im Team?
- Was fehlt dem Team?

Teams, die auch künftig erfolgreich sein wollen, müssen in erster Linie eine sehr hohe Flexibilität mitbringen. Wo besteht in Ihrem Team aufgrund der individuellen Stärken die Möglichkeit, flexibel auf Anforderungen von außen zu reagieren?

Wenn das Klima frostig ist

Es ist nicht immer möglich, den Fragebogen im Team auszufüllen. Manchmal sind die Spannungen so groß, dass keine Bereitschaft zur gemeinsamen Eigenreflexion vorhanden ist. Auch in Projektteams, die nur eine beschränkte Zeit gemeinsam zusammen arbeiten können, ist eine Durchführung rein zeitlich schwierig. Das heißt jedoch nicht, dass Sie auf das Instrument der Typologie komplett verzichten müssen.

Bei genauem Hinsehen und Hinhören können Sie nämlich vieles über Ihre Teamkollegen erfahren. Konzentrieren Sie sich dabei immer nur auf einen der Kollegen. Überfliegen Sie noch einmal die Beschreibungen der einzelnen Buchstaben. Was davon trifft auf den Kollegen zu? Überprüfen Sie dieses Bild in den nächsten Tagen und Wochen bewusst im täglichen Umgang. Was passt zu Ihrer Einschätzung und was nicht?

Wenn Sie bei einer Funktion unsicher sind, reden Sie einfach mit dem Kollegen. Flechten Sie entsprechende Fragen aus dem Fragebogen ein. Natürlich nicht aus heiterem Himmel! Viele Fragen lassen sich – so wie sie sind oder leicht modifiziert – ganz natürlich in den Gesprächsfluss einklinken, beispielsweise: »Sollten wir das klar festlegen oder uns lieber einen Spielraum lassen?« (J versus P). Oder: »Sollen wir das Verfahren verfeinern oder uns um eine ganz neue Vorgehensweise kümmern?« (S versus N).

Auf diese Weise kommen Sie auch zu Ihrem Teamprofil. Es ist zwar nicht ganz so detailliert, aber Sie erkennen doch die schwerpunktmäßige Verteilung. Sie erhalten somit zumindest eine grobe Matrix.

Ihre Teamkultur

Die Teammatrix – dabei ist es egal, ob diese detailliert oder grob ausfällt – ist letztlich die Diagnose der vorherrschenden Teamkultur. Für Außenstehende ist die Teamkultur meist sofort erkennbar. Es heißt dann beispielsweise: »Lauter Einsiedler!« Oder: »Die absoluten Spinner des Betriebs.« Was bedeutet das?

Nun, das eine angesprochene Team ist stark introvertiert und das andere hat eine starke N-Kultur.

Wenn Ihre Teammatrix also Ballungen an bestimmten Polen zeigt, können Sie daran sehr schön Ihre Teamkultur erkennen.

Extra- oder introvertierte Teamkultur

Die *extravertierte Teamkultur* zeichnet sich durch offene Grenzen aus. Es gibt einen regen Austausch zu anderen Teams oder Abteilungen. Bei Festlichkeiten werden gerne auch Außenstehende mit eingeladen. Tauchen Probleme auf, holt sich das E-Team durchaus externe Unterstützung. Bevorzugt wird im E-Team die mündliche Kommunikation.

Die *introvertierte Teamkultur* wirkt nach außen hin geschlossen. Das kann zu Misstrauen und schlechtem Informationsfluss zwischen den verschiedenen Abteilungen führen. I-Teams sind stark mit sich selbst beschäftigt. Ihre Vorgehensweise ist sehr gründlich. Die Kommunikation mit anderen Teams wird bevorzugt schriftlich vorgenommen.

Sensitive oder intuitive Teamkultur

Teams unterscheiden sich auch darin, wie sie ihre Aufmerksamkeit auf die Umwelt richten. Das ist vor allem in Zeiten des »Veränderungsmanagements« von wesentlicher Bedeutung.

Sensitive Teams zeichnen sich durch eine schrittweise Veränderung aus. Sie sehen die Zukunft als Ausdehnung der Gegenwart. Von daher analysieren sie vorhandene Daten sehr genau mit der Fragestellung: »Was muss hier geändert werden?« Sie achten darauf, Routine zu optimieren und neigen dazu, alles genau bis ins Detail zu analysieren. Als Grundlage dient ihnen ihre eigene Erfahrung, von der sie quantifizierbare Ziele ableiten. S-Teams sind in der Regel Spezialistenteams.

Intuitive Teams zeichnen sich dagegen durch ihre ganzheitliche Betrachtungsweise aus. Sie fragen mehr nach den Möglichkeiten und sind ständig auf der Suche nach neuen Wegen. Veränderung darf in großen Sprüngen ablaufen. Kreativität wird ganz groß geschrieben. Die Stärke des N-Teams ist es, Trends rechtzeitig zu erkennen. Das Team besitzt eine gemeinsame Vision, auf die es sich zu bewegt.

Denkende oder fühlende Teamkultur

Denkende (Thinking) Teams behandeln Probleme entlang von Prinzipien. Individuelle Umstände werden eher vernachlässigt. Dem T-Team geht es stärker um die Sache. In Personalabteilungen mit all ihren Regelungen und Aktenwerken findet sich in der Regel ein Überhang an T-Menschen. Aufgabe der Personalabteilung ist es, faire Regeln für alle Mitarbeiter aufzustellen. Bewertet wird aufgrund der Logik.

T-Teams arbeiten in der Regel sehr gute Standardlösungen aus. Sie tendieren zur offenen Kritik untereinander. Persönlicher Kontakt zwischen den Mitgliedern auch nach der Arbeit findet nur vereinzelt statt.

Fühlende Teams dagegen haben eine starke persönliche Komponente. Die individuellen Bedürfnisse und Wünsche der einzelnen Teammitglieder werden ernst genommen. Die Arbeitsatmosphäre ist sehr harmonisch. Ein F-Team fühlt sich eher als Sozialgemeinschaft.

In letzter Zeit geht die Entwicklung in den führenden Betrieben leicht von T- zu F-Teams, da die absolute Kundenorientierung immer überlebenswichtiger wird. Das bedeutet, es müssen individuelle Lösungen statt vorgefertigter Standardlösungen eingesetzt werden. Das Zwischenmenschliche hat einen stärkeren Markt- und Verkaufswert bekommen als die reine Sachlogik.

Urteilende oder wahrnehmende Teamkultur

Urteilende Teams (J) streben klare Entscheidungen an. Ist das Team gleichzeitig T, bedeutet das: Diese Entscheidungen werden von der Logik her getroffen. Gekoppelt mit F heißt es: Die Entscheidungen werden gefühlsmäßig getroffen.

In J-Teams besteht die Gefahr, dass Entscheidungen zu schnell getroffen werden, ohne dass alle Aspekte berücksichtigt wurden. Oft wird alles bis ins Detail definiert und festgelegt. Damit schränkt sich das Team in seiner Flexibilität ein.

Das wahrnehmende Team (P) scheut eher klare Entscheidungen. Seine Stärke ist die Flexibilität. P-Teams fürchten, wichtige Aspekte zu vernachlässigen. Als Mitglied eines P-Teams kennen Sie das: Man verrennt sich alle Nase lang in ausuferndes Faktensammeln und permanente Reflexion. Man lässt die Dinge zu lange offen und verpasst dadurch gute Gelegenheiten.

Forschungsabteilungen haben in der Regel eine P-Kultur, die meist Fertigung eine J-Kultur. Das erklärt die häufigen Konflikte zwischen der »abgehobenen« Entwicklung und der »engstirnigen« Fertigung.

Hier lässt sich ebenso ein Trend erkennen. Unternehmen, die auch morgen noch erfolgreich sein wollen, müssen sich immer flexibler und offener auf Marktsprünge einstellen. Also erhält P-Flexibilität größere Bedeutung als die typisch deutsche, perfektionistische J-Planung.

Erfolgreiche Teams

Erfolgreiche Teams verstehen es, aus allen vorhandenen Präferenzen die jeweiligen Stärken zu nutzen, und zwar geschieht dies in der Regel situationsgerecht.

Die aktuelle Situation erfordert ein Höchstmaß an Markt- und Kundenorientierung. Also sind *E-Anteile gefragt*: Mitbekommen, was der Kunde will und wohin der Markt geht. Raus unter die Leute und die Ohren aufgesperrt. Und nach dem Erkundungsgang zurück ins Team und die *I-Anteile aktivieren*: Sich auf das Team zurückbesinnen und hier in aller Gründlichkeit eine tragfähige Lösung ausbrüten.

Analoges gilt für *N* und *S*. In den ersten Projektphasen ist N erfolgsentscheidend. Das Team muss sich einen Überblick erarbeiten und kreativ den großen Wurf wagen. Ist der gelungen, müssen die S-Detailfähigkeiten aktiviert werden, um den großen Wurf zu realisieren.

Geht es hart auf hart, zerstreitet sich ein Team ohne ausgeprägte *F-Fähigkeiten* ziemlich schnell. Gleichzeitig sind *T-Anteile* gefragt, wenn es allzu sehr menschelt und die eigentliche Sache droht, verloren zu gehen. *J-Fähigkeiten* werden gebraucht, wenn unliebsame Entscheidungen getroffen werden müssen und *P-Fähigkeiten*, wenn man sich entlang der Theorie der schwachen Signale in einem noch unstrukturierten Markt der Zukunftschancen bewegt. Jede der Fähigkeiten hat ihre besondere Stärke, ihre Bedeutung und vor allem ihre Zeit.

Erfolgreich ist nur das Team, dem es gelingt, in der gegebenen Situation die »passende« Präferenz zu aktivieren und auszuleben. Wie sieht es damit in Ihrem Team aus?

Das einseitige Team

Sind Sie mit der Leistung Ihres Teams in ganz bestimmten Situationen unzufrieden? Dann kann es daran liegen, dass Ihr Team sehr einseitig strukturiert ist. Manche Präferenzen sind zu stark, andere zu schwach vorhanden. Ein Fußballteam, das aus zehn brillanten Stürmern und einem Torwart besteht, wird zwar viele Tore schießen, aber trotzdem verlieren: Die Verteidigung fehlt. Im Fußball brauchen Sie immer eine komplette Aufstellung: Torwart, Verteidigung, Mittelfeld und Sturm. Egal wer der Gegner ist.

Egal wie Ihre spezifische Situation und Ihre Aufgabe ist, für Ihr Team brauchen Sie immer die folgende Aufstellung:

- **Der Berater (ESZP)**
  Z bedeutet: Die Funktion ist für diese Rolle nicht bedeutsam. Ein ESZP ist »auf dem Laufenden« (E), er beobachtet seine Umwelt (P) und bereitet die gesammelten Daten für das Team auf (S). Das macht ihn für das Team sehr wertvoll. Viel zu lange haben wir in unseren Elfenbeintürmen (I) am Markt vorbei entwickelt, verkauft und produziert. Der Berater verschafft Ihnen in hochdynamischen Märkten die nötigen Informationen für Ihre strategische Steuerung. Haben Sie einen im Team? Wenn nein, klären Sie mit Ihrem Team, wer diese strategische Funktion übernehmen kann. Diese Funktion kann von einem Einzelnen oder auch von mehreren Teammitgliedern übernommen werden.
- **Der Kreative (INZP)**
  In hochdynamischen Märkten ist Ihr Team nur dann erfolgreich, wenn es althergebrachte Lösungen infrage stellt und neue Möglichkeiten kreiert. »Try harder« reicht nicht mehr, sondern »Try smarter«. Der Kreative ist ständig auf der Suche, ist risikobereit und liebt das Experiment. Haben Sie einen im Team? Missdeuten Sie unbewusst seine Kreativität als Spinnerei, Insubordination? Achtung: Verbauen Sie sich nicht Ihre eigene Zukunft!

- **Der Überzeuger (ENZP)**
Die Ideen, Lösungen und Leistungen Ihres Teams müssen auch an andere Abteilungen, Ihren Vorgesetzten oder nach außen verkauft werden. Der Überzeuger ist dafür der Richtige. Er ist kommunikationsfreudig (E), für Neues aufgeschlossen (N) und legt sich nicht zu früh fest (P). Er kann verständlich präsentieren und andere überzeugen. Betrauen Sie ihn mit der Präsentation Ihrer Teamergebnisse!
- **Der Stratege (ZNTJ)**
Er ist offen für die neuen Ideen des Kreativen (N), kann sie aber kritisch bewerten (J) nach logischen, ökonomischen und ökologischen Rentabilitätskriterien (T). Außerdem entwirft er die Marketingstrategie. Was nützt die beste Idee, wenn sie Verlust bringt oder ein schwaches Konzept hat?
- **Der Organisator (ZSTJ)**
Er bricht die Marketingstrategie des Strategen auf organisatorisch handhabbare Einzelschritte herunter. Er plant Termine, schafft eine klare Aufgabenverteilung und trifft bei unvorhergesehenen Problemen schnelle Entscheidungen. Er kann auch unpopuläre Entscheidungen treffen.
- **Der Macher (ZSFJ)**
Die vom Organisator verteilte Arbeit muss von jemandem erledigt werden. Der Macher hat die Liebe zum Detail (S), um auch typische Routinevorgänge mit Sorgfalt und Genauigkeit auszuführen. Daneben hat er ein Gespür für seine Kollegen (F) und hält die Umsetzung mit schnellen Entscheidungen (J) im Fluss.
- **Der Prüfer (ISZJ)**
Er kontrolliert (J) sehr konzentriert (I), regelmäßig und genau (S) Budget-, Zeitrahmen und Qualität.
- **Der Bewahrer (ZNFJ)**
Der Bewahrer kümmert sich um den Teamprozess (N) selbst. Er stellt günstige Rahmenbedingungen sicher, beseitigt Demotivation und hält den Teamgeist am Leben (F), indem er mutig einschreitet (J), wenn eines seiner Schutzgüter verletzt wird.

Das komplette Team

Das heißt nun nicht, dass Sie immer acht Leute in Ihrem Team haben müssen. Die acht Rollen müssen lediglich wahrgenommen werden. Egal von wie vielen Teammitgliedern.

Je nach der spezifischen Aufgabe Ihres Teams ist die eine oder andere Rolle von herausgehobener Bedeutung. In einem Controllingteam ist zum Beispiel die Rolle des Prüfers besonders wichtig. Über diesen aufgabenbedingten Schwerpunkt hinaus benötigt jedoch jedes Team – mehr oder weniger stark ausgeprägt – alle acht Rollen. Sonst bringt es in der Regel keine volle Leistung, behindert sich selbst oder kommt in bestimmten Projektphasen nicht klar. Je nachdem, welche Rolle fehlt oder zu schwach wahrgenommen wird.

Nehmen Sie nun einen Stift zur Hand und schreiben Sie hinter die acht Rollen die Namen Ihrer Teammitglieder.	
Der Berater (ESZP)	
Der Kreative (INZP)	
Der Überzeuger (ENZP)	
Der Stratege (ZNTJ)	
Der Organisator (ZSTJ)	
Der Macher (ZSFJ)	
Der Prüfer (ISZJ)	
Der Bewahrer (ZNFJ)	

Analysieren Sie anschließend:
• Welche Rollen bleiben unbesetzt? --
• Worauf sollten Sie also ab sofort bei Neubesetzungen achten? --
• Wie können Sie die Einseitigkeit Ihres Teams aufbrechen? --
• Wer könnte welche unterrepräsentierte Rolle am ehesten übernehmen? --
• Besteht die Chance, diese Thematik auf einem Teammeeting gemeinsam zu diskutieren? --
• Wenn nein, wo sehen Sie akuten Handlungsbedarf? --
• Welche Lösungen fallen Ihnen ein, um unterrepräsentierte Rollen stärker zu fördern? --

Die Schlagseite überwinden

Behalten Sie dabei immer im Hinterkopf: Die Rollen und die dahinterstehenden Fähigkeiten, die Ihrem Team laut Profil fehlen, fehlen ja nicht völlig. Extremwerte von 20:0 sind ziemlich selten. Das heißt: Die »fehlenden« Rollen und Fähigkeiten sind nur zu schwach ausgeprägt.

Also müssen Sie diese lediglich aktivieren. Wenn in Ihrem Team beispielsweise die N-Funktion unterrepräsentiert ist, dann suchen Sie sich die S-Leute heraus mit den höchsten N-Werten (zum Beispiel S:N = 12:8). Entdecken Sie zusammen mit den S-Leuten deren N-Anteile. Gehen Sie beispielsweise in die entsprechenden Fragen des Fragebogens und zeigen Sie: Da und dort und hier habt Ihr doch klare N-Anteile!

Würdigen Sie diese Anteile, damit sich die S-Leute ihrer eigenen N-Funktion annehmen können. Sprechen Sie im Alltag und in den Teambesprechungen die N-Anteile der aktuellen Situation durch und üben Sie mit Ihren Kollegen einfach, die bislang wenig genutzte N-Funktion regelmäßig in Gebrauch zu nehmen.

Superteams unterscheiden sich von durchschnittlichen Teams weder in Intelligenz noch in Erfahrung. Es gelingt ihnen lediglich besser, in jeder Situation die entsprechenden Teamrollen schneller und stärker zu aktivieren.

Sobald Ihnen das gelingt, ist auch Ihr Team ein Spitzenteam.

Der Teamleiter

Fragen Sie sich: Können Sie mit Ihrem Typ überhaupt ein Team führen? Gut führen?

Das ist eine Fangfrage. Denn natürlich kommt es bei der Teamleitung nicht auf Ihren Typ an, sondern wie gut Sie ihn kennen. Wenn Sie Ihren Typ kennen, wissen Sie, wo Ihre Stärken liegen. Und Sie erkennen, in welchen ganz bestimmten Teamsituationen es gefährlich für Sie werden kann. Wenn Sie das wissen, werden Sie nicht länger von den Alltagskatastrophen überrascht, sondern können rechtzeitig gegensteuern.

Sie sind ST und Teamleiter

Wenn Sie ST sind, ist das Team nicht Ihre bevorzugte Organisationsform. Die Dynamik und die bedingte Berechenbarkeit des Teamprozesses liegen Ihnen nicht. Sie mögen die damit verbundene Unsicherheit nicht besonders. Folglich versuchen Sie, diese zu reduzieren.

Deshalb bevorzugen Sie auch das Zweiergespräch. Denn es ist viel leichter steuerbar als die hochdynamische Gruppendiskussion. Zudem ist ein Zweiergespräch zeitlich viel überschaubarer. Wirklich wichtige Probleme klären Sie deshalb unter vier Augen. Das Team ist dagegen eher Plattform für Routineprobleme und Informationsaustausch.

Die Unsicherheit des Teamprozesses versuchen Sie zu reduzieren, indem Sie eine gewisse Form wahren: Die Besprechungen finden in einer bestimmten Regelmäßigkeit statt, die Durchführung der Treffen ist präzise geregelt, Sie nehmen die Berichte der Teamkollegen entgegen und geben Ihre Beurteilung dazu. Die Kommunikationsstruktur ist also eher auf Sie, den Leiter, zentriert. Zwischen den Teamkollegen gibt es dagegen kaum direkte Kommunikation.

Als ST sind Sie ziemlich resultatsorientiert. So kommen Sie häufig bereits mit einer fertigen Problemlösung im Kopf in die Besprechung. Davon abweichende Lösungen und Ideen bewerten Sie eher kritisch, weisen Sie zurück oder verwerfen Sie ganz. Das schafft zwar Klarheit für Ihr Projekt, was gut ist. Es demotiviert aber gleichzeitig sehr stark Ihre N-Kollegen.

Achten Sie deshalb auf Ihre unbewussten Führungsreflexe. Sobald wieder ein N-Kollege eine Idee einwirft, schalten Sie von Abwehr auf Akzeptanz. Fragen Sie konkret nach, was nötig wäre, damit die eingeworfene Idee funktionieren könnte. Wenn es eine Seifenblase ist, dann lässt sie der vorschlagende N auf diese Weise selbst platzen, was aber nicht demotiviert. Schließlich wurde die Idee des N angehört und entsprechend gewürdigt.

Hüten Sie sich unbedingt vor einsamen Entscheidungen. Die nehmen Ihnen die N-Teamkollegen übel. Denken Sie vor Entscheidungen deshalb erst die unterschiedlichsten Möglichkeiten – das Schlüsselwort für N – laut im Team durch. Mit dieser Maßnahme holen Sie die N ins Boot.

Da Sie ein starkes Bedürfnis nach Kontrolle haben, halten Sie Ihr Team an der kurzen Leine. Sie motivieren wenig zu spontanen Beiträgen. Sie nutzen eher die Einzelnen in der Gruppe als die Teamleistung. Da entgeht Ihnen viel. Denn das Ganze ist mehr als die Summe der Einzelnen. ST-Teamleiter, die sich ihres Typs bewusst sind, steuern bewusst dagegen, indem sie Maßnahmen unterstützen, die das Wir-Gefühl im Team fördern.

Erfahrene ST-Teamleiter achten auch auf ihre F-Kollegen. Sie gehen sehr umsichtig mit notwendiger Kritik um. Denn der F nimmt Kritik leicht persönlich. Erfahrene ST-Teamleiter versetzen sich öfter in ihre Teamkollegen hinein. Sie akzeptieren, wenn andere von ihren Gefühlen sprechen. Sie tun es nicht als »Gefühlsduselei« ab. Sie akzeptieren sogar, dass andere ihre Gefühle als Entscheidungsgrundlage benutzen.

Sie sind SF und Teamleiter

Sie schätzen ein gutes Teamklima. Darauf achten Sie stärker als auf Leistung und Produktivität des Teams. Es stört Sie nicht sehr, wenn bei Sitzungen manchmal keine konkreten Resultate herauskommen.

Wenn wichtige und konfliktträchtige Probleme anstehen, meiden Sie eher das Team. Sie fürchten eine Verschlechterung der Beziehungen zwischen den Teamkollegen. Deshalb bevorzugen Sie das Zweiergespräch, um das Ausbrechen von Konflikten zu verhindern, beziehungsweise um rasch schlichtend eingreifen zu können. Das kann problematisch für Sie werden.

Denn leistungsorientierte Kollegen, die unangenehme Punkte oder Schwachstellen und Fehler im Team ansprechen, können in Ihrem Team schnell zu Außenseitern werden. Achten Sie deshalb darauf, drohende Konflikte nicht zu umgehen, sondern so anzupacken, dass das Team in der Krise zusammenwächst.

Das funktioniert, wenn Sie gemeinsam im Team Regeln und Verfahren erarbeiten, die Kritik ermöglichen, Konflikte austragbar machen und trotzdem die Gefühle aller schützen, ja sogar fördern. Nichts schweißt stärker zusammen als eine gemeinsam überwundene Gefahr. Solche Teamregeln geben den einzelnen Teamkollegen den Rahmen und die Sicherheit, Schwachstellen im Team auch anzusprechen.

Als SF ist Ihre N-Funktion schwächer ausgeprägt. Deshalb achten geübte SF-Teamleiter bewusst darauf, dass sie den Fokus im Team auch auf zukünftige Anforderungen richten und theoretische Zusammenhänge einbeziehen. Sie sind gemeinsam mit ihrem Team bemüht, den Überblick über Aktivitäten, Anforderungen und Entwicklungen zu behalten.

Sie sind NT und Teamleiter

Ihre Teamsitzungen haben etwas Elitäres an sich. Es sind exquisite Intellektuellenrunden. Es läuft in Ihrem Team immer dann gut, wenn fast konfliktartig viele unterschiedliche und interessante Meinungen aufeinander prallen.

Wenn einer etwas ausladender berichtet, drängen Sie ihn ungeduldig voran. Vorsicht! Das wirkt sich sehr demotivierend auf alle S-Kollegen aus.

Sie erwarten inhaltlich interessante Beiträge von Ihren Teamkollegen. Feinschliff, Detailarbeit und Routineangelegenheiten sind Ihnen eher ein Gräuel. Deshalb achten erfahrene NT-Manager darauf, dass im Team die Routinearbeit nicht gänzlich vernachlässigt wird.

Als NT achten Sie auf Zielorientierung und hohe Qualität. Achten Sie jedoch gleichermaßen darauf, dass Sie dabei Ihre Teammitglieder nicht überfordern. Feiern Sie mit Ihrem Team Erfolge, statt permanent und rastlos schon den nächsten Erfolg anzupeilen.

Sie setzen Kreativitätstechniken ein, um noch effektiver zu sein. Aber auch Albernheiten sind zur Auflockerung erlaubt. Eine solche NT-Teamkultur kann sehr motivierend sein. Sie ist bereichernd für alle und fordert die Fähigkeiten der Teammitglieder. Routinierte NT-Teamleiter finden jedoch ebenso Möglichkeiten und Wege, damit die persönliche Ebene zwischen den Einzelnen im Team gepflegt wird.

Sie sind NF und Teamleiter

Als NF sind Sie für sehr viele Teamsituationen ein hervorragender Leiter und Entwickler Ihres Teams. Sie vereinigen das Gefühl für Prozesse mit der zwischenmenschlichen Orientierung. Sie nehmen Einfluss, nicht indem Sie sich in den Vordergrund spielen, sondern indem Sie als Frager, Helfer und Unterstützer des Teamprozesses fungieren.

Sie bieten dem Team die Möglichkeit, über sich selbst und die Zusammenarbeit zu diskutieren. Das schafft Feedbackgelegenheiten und führt damit zu Offenheit im Team. Durch Ihren Respekt gegenüber anderen leben Sie vor, dass jede Meinung gehört werden soll und die Emotionen durchaus auch ausgedrückt werden können und sollen.

So viel Rücksichtnahme kann natürlich ebenso nach hinten losgehen. Deshalb achten routinierte NF-Teamleiter besonders darauf, dass sie zwar die vorschlagenden Personen achten, aber deren vorgebrachte Ideen ganz objektiv auf Machbarkeit hinterfragen. Dass sie zwar die Prozesse pflegen, aber gleichzeitig die Arbeitsergebnisse exakt kontrollieren und andere genau und detailliert informieren. Als NF-Leiter sollten Sie im Team Kontrollschleifen einbauen: Wo stehen wir jetzt? Was ist erreicht? Was fehlt noch?

NF-Teamleitern fällt es meist besonders schwer, Konflikte und Probleme im Team ungeschminkt und ganz offen auszutragen. In solchen Situationen ist es zwingend nötig, seine T-Funktion zu aktivieren.

Ihr Teamleiter ist ST

Inzwischen haben Sie sicher auch schon das Profil Ihres Vorgesetzten herausbekommen. Sie kennen vielleicht den Titel des Buches: »Wie führe ich meinen Vorgesetzten?« Nun, wenn Sie sein Profil vor Augen haben, werden Sie sicher sehr viel besser mit ihm auskommen. Und vor allem: Er wird plötzlich viel zufriedener mit Ihnen sein.

Ihr Chef ist ST? Dann wissen Sie auch, wieso er allergisch auf Ihre hochfliegenden Ideen reagiert. Das ist ihm alles zu wenig konkret. Achten Sie deshalb bei Erklärungen, Antworten, Präsentationen und Reports auf Vollständigkeit. Ihr Chef ist an Details interessiert. Wenn Sie wollen, dass er Ihre Ideen »kauft«, benutzen Sie für Ihre Argumentation die Aspekte und Worte »realistisch«, »machbar«, »vollständig«, »vernünftig«.

Ihrem Chef geht es um einen »fairen« Umgang. Berufen Sie sich auf Prinzipien. Vermeiden Sie eine gefühlsbetonte Argumentation. Stellen Sie stattdessen die Logik Ihrer Ausführungen in den Vordergrund. Gehen Sie in Ihrer Argumentation streng methodisch vor. Damit können Sie ihn überzeugen. Sprechen Sie seine und Ihre Erfahrung an. Liefern Sie ihm Beweise der Machbarkeit, wenn Sie seine Zustimmung zu Ihrem Vorhaben wollen. Referenzerfahrungen sind wesentlich.

Da Ihrem Boss Loyalität sehr wichtig ist, stellen Sie Ihre Forderungen in Bezug zum Gesamtunternehmen.

Wenn Sie das alles nach und nach in Ihren Umgang mit ihm einbauen, werden Sie einen sehr guten Draht zu ihm aufbauen können.

Ihr Teamleiter ist SF

Auch beim SF-Chef spielt das Machbare und die Erfahrung eine große Rolle. Das heißt, auch er wird sich durch Referenzerfahrung überzeugen lassen. Lesen Sie dazu noch einmal beim ST-Typ nach (s.S. 51).

SF-Chefs helfen gerne. Wenn Sie etwas von Ihrem Chef wollen, ist es oft ratsam, ihm Ihre persönlichen Gründe dafür zu nennen und ihn um Hilfe zu bitten. Sein Bestreben ist Harmonie. Vermeiden Sie daher alles, was Sie für dynamisches Vorgehen und er für Konfrontation hält. Ihr Chef spricht stark auf persönliche Anerkennung an. Geben Sie ihm diese und Sie werden erleben, wie er auftaut.

Argumentieren Sie eher gefühlsbetont als sachlich oder logisch. Ein SF-Chef erzählt gerne mal etwas Privates. Teilen auch Sie etwas von sich selbst mit.

Ihr Teamleiter ist NT

Kommen Sie Ihrem Chef nicht mit zu viel Detailinformation. Ihm genügen die großen Zusammenhänge. Er hat das Bedürfnis, den Überblick zu behalten.

Wenn Sie ihn von einer Idee begeistern wollen, zeigen Sie ihm die Möglichkeiten auf. Vorsicht! Was Sie für eine Zusammenfassung halten, hält er unter Umständen für eine Wiederholung. Und Wiederholungen hasst er: »Jaja, das kennen wir ja jetzt schon alles.« Ein NT liebt die komplexen theoretischen Konstrukte. Er ist fasziniert von der Möglichkeit, Begebenheiten vorherzusagen, zu durchschauen. Wenn Sie etwas durchsetzen wollen, zeigen Sie auf, wie hierdurch bestimmte Prozesse steuerbar werden.

Stellen Sie Ihre Kompetenz unter Beweis und bestätigen Sie seine Kompetenz. Das ist ihm das Wichtigste. Er möchte die eigene Kompetenz erleben und gleichzeitig mit kompetenten Leuten zusammenarbeiten. Erinnern Sie sich, wie schnell und wie häufig er über die Inkompetenz in anderen Abteilungen schimpft? Er hat den Anspruch, den anderen immer eine Nasenlänge voraus zu sein. Das können Sie hervorragend für Ihre Argumentation nutzen. Wenn Sie für eine Idee plädieren, stellen Sie daher das Besondere daran heraus.

Achten Sie bei Ihrer Argumentation auf eine logische Verknüpfung. Benutzen Sie Worte wie »intelligente Lösung«, »clevere Alternative«, »logische Schlussfolgerung«, »prognostische Möglichkeiten«, »neuartiger Ansatz«, »innovativ«.

Ihr Teamleiter ist NF

Auch bei einem NF-Chef müssen Sie sich in Ihrer Darstellung auf das Wesentliche konzentrieren. Zeigen Sie ihm die Zusammenhänge auf.

Ein NF-Boss ist begeisterungsfähig für neue Ideen und Innovationen. Um ihn zu gewinnen, müssen Sie ihm neue Ideen oder Anforderungen als Herausforderung verkaufen.

Da einem NF-Chef auch die Harmonie sehr wichtig ist, starten Sie in Ihrer Argumentation am besten bei vorhandenen Gemeinsamkeiten. Dem NF-Vorgesetzten ist das Wir-Gefühl besonders wichtig. Deshalb wird er auch immer das Team als Ganzes im Auge haben. Nutzen Sie das, indem Sie Ihre Idee in diesen Zusammenhang stellen. Belegen Sie die zukünftigen Auswirkungen und Sie haben gewonnen.

So führen Sie ein heterogenes Team

Team oder Gruppe?

Die Verteilung der einzelnen Profile auf Ihrer Teammatrix ist sehr heterogen (s. »Die Teammatrix«, S. 63). Das heißt, Sie haben die unterschiedlichsten Persönlichkeiten in Ihrem Team. Das ist gut, wenn Sie sich an die »Grundaufstellung« eines Teams (s. »Das einseitige Team«, S. 72) erinnern: Ein erfolgreiches Team hält alle nötigen Positionen besetzt.

Je unterschiedlicher Ihre Kollegen sind, desto größer ist die Wahrscheinlichkeit, dass sich für jede notwendige Position ein passender Typ gefunden hat.

Auch Peter Grodas Team, das Sie von den ersten Seiten des Buches kennen, ist ein solches heterogenes Team. Und das ist die Kehrseite der Besetzung aller nötigen Positionen: Meinungsverschiedenheiten, Reibereien und Machtkämpfe sind an der Tagesordnung. Spannungen und Misstrauen geben den Ton an. Und das soll ein Team sein?

Nein, das ist eine Gruppe Einzelkämpfer. Wenn Sie einen solchen »wilden Haufen« führen, ist Ihr erstes Ziel, ein Teamklima zu schaffen.

Die erste Frage, die Sie daher gemeinsam klären müssen, lautet: Sind wir wirklich schon ein Team oder noch eine Gruppe von Einzelkämpfern? Vielleicht können Sie das nicht auf Anhieb eindeutig beantworten.

Deshalb einige Zusatzfragen zur Klärung:

	stimmt genau				absolut nicht
In unserem Team herrscht ein Wir-Gefühl	5	4	3	2	1
Wir nehmen Rücksicht untereinander	5	4	3	2	1
Wir gehen vertrauensvoll miteinander um	5	4	3	2	1
Wir gehen tolerant mit anderen Meinungen um	5	4	3	2	1
Wir sprechen untereinander Anerkennung aus	5	4	3	2	1
Kritik wird offen und konstruktiv ausgetragen	5	4	3	2	1
Jeder unterstützt jeden	5	4	3	2	1
Alle engagieren sich gleichermaßen für das gemeinsame Ziel	5	4	3	2	1
Wir unterhalten gute Beziehungen zu anderen Teams im Unternehmen	5	4	3	2	1

Wie sieht es aus? Wie nah sind Sie an den 45 Punkten eines Dreamteams?

Entdecken Sie Ihren Engpass

Sie können nun warten, bis Ihr wilder Haufen von alleine zu einem Dreamteam zusammenwächst. Leider kann das durchaus Jahre dauern. Diese Zeit hat heutzutage niemand. Werden Sie deshalb selbst aktiv. Beseitigen Sie die entdeckten Schwachstellen gemeinsam im Team.

Der erste Schritt in einem solchen Teammeeting könnte folgendermaßen lauten: Welche Schwachstellen in unserer Gruppe sehen wir?

Welche davon ist ganz besonders wichtig und sollte als erste behoben werden?

Wenn diese Frage von allen Teammitgliedern beantwortet wurde, ist es notwendig, dass Sie sich auf eine Schwachstelle für den Beginn Ihrer Arbeit einigen. Begründen Sie Ihren gemeinsam gefundenen Konsens:

Um diese erste Schwachstelle in den Griff zu bekommen, empfehle ich Ihnen die vier klassischen Schritte der Moderationsmethode.

Arbeiten Sie am Wir-Gefühl

Die einzelnen Schritte der Moderationsmethode

Erster Schritt. Gemeinsame Beschreibung der aktuellen Situation: Wie läuft es zurzeit? In dieser Phase der Problembeschreibung sind die sensitiven Ressourcen (S) im Team gefragt. Es ist wichtig, alle Aspekte der aktuellen Situation zu betrachten. Wichtig sind sowohl Detailaspekte als auch Gefühlsaspekte. Ärgernisse sind grundsätzlich ernst zu nehmen.

Zweiter Schritt. Die Teamvision: Wie soll es laufen? In dieser Phase der Visionsentwicklung darf ruhig ein wenig geträumt werden. Dafür sind die intuitiven Ressourcen (N) notwendig. Es geht um Möglichkeiten und zukünftige Szenarien. Wesentlich ist, dass diese Träumerei auch wirklich kreativ abläuft. Dazu ist es absolut notwendig, dass der Moderator keinerlei Bewertung zu den einzelnen Beiträgen macht und zulässt. Erst wenn diese kreative Phase abgeschlossen ist, einigt sich das Team auf ein gemeinsames Zukunftsbild.

Dritter Schritt. Finden möglicher Widerstände: Was spricht dagegen? Hier sind die analytischen und kritischen Fähigkeiten der Denker (T) gefragt. Welche Hindernisse kann es beispielsweise aus dem Umfeld geben? Welche Widerstände können im Team selbst auftreten? Was ist völlig illusionär? Bei diesem Schritt darf richtig gemotzt werden.

Vierter Schritt. Definieren realistischer Lösungsansätze: Was braucht es, damit es klappt? Hier geht es um das gemeinsame Finden und Beschließen von notwendigen Maßnahmen, um die gewünschte Veränderung unter Berücksichtigung der gefundenen Hindernisse umzusetzen. Jetzt sind wieder die Sensitiven (S) gefragt. Als Realisten haben sie die Machbarkeit der gefundenen Maßnahmen im Auge. Für das Festlegen, Planen und Entscheiden werden dann auch die Ressourcen der Judges (J) benötigt.

Nutzen Sie die Synergie-Effekte

Das Wir-Gefühl, an dem Sie gerade gearbeitet haben, ist generell eine notwendige Bedingung für die erfolgreiche Teamarbeit. Erfolgreiche Teams gehen aber noch darüber hinaus: Sie nutzen die Synergie-Effekte.

Solange jeder gegen jeden arbeitet, behindert sich das Team selbst. Peter Groda bekämpft Karin Seita und umgekehrt. Sobald Peter Groda aber seinen und den Typ seiner Kollegin erkennt, erkennt er auch: Nicht er hat Recht und sie Unrecht, sondern jeder hat Recht. Er auf seine und sie auf ihre Weise. Ein zartes Wir-Gefühl deutet sich an. Aber das ist nicht alles.

Denn Peter Groda lernt nicht nur, die typische Eigenart seiner Kollegin zu dulden, sondern sie regelrecht zu nutzen: Karin Seita kann eine nützliche Ergänzung seiner eigenen Sichtweise sein. Sie behindert ihn nicht, sie kann ihn sogar unterstützen. Sobald er seine mit ihrer Stärke verbindet, macht seine Arbeitsleistung einen Quantensprung. Man spricht vom Synergie-Effekt.

Wenn Sie und Ihre Teamkollegen lernen, diese Synergie-Effekte gezielt einzusetzen und die eigene mit der Stärke der anderen zu koppeln, hören nicht nur die Reibereien auf. Ihr Team wird auch den Erfolg haben, von dem Sie in Ihren kühnsten Träumen geträumt haben.

- Dann lächeln die *E-Typen* nicht mehr über die wortkargen und kontaktscheuen *I-Typen* im Team, sondern suchen sie gezielt auf, um sich nach ihren Exkursionen durch den Betrieb aufs Kernteam rückzubesinnen, um zu reflektieren oder einfach um einen guten Zuhörer zu finden.
- Die *I-Typen* meiden nun nicht mehr die lauten und dynamischen *E-Typen*, sondern lassen sich bewusst von ihnen unterstützen. Beim Verkaufen der Teamideen nach außen und zur Kontaktpflege mit anderen Abteilungen.

- *N-Typen* brauchen *S-Typen,* um auf dem Boden der Realität zu bleiben, um den Baum vor lauter Wald nicht zu übersehen, damit auch tatsächlich mal etwas angepackt und umgesetzt wird, damit keine Fakten übersehen werden und um auch den Erfolg einmal genießen zu können.
- *S-Typen* brauchen *N-Typen,* um begeistert zu werden, um neue Möglichkeiten zu entdecken, um Veränderungen als Notwendigkeit zu akzeptieren und um die Zusammenhänge zu sehen.
- *T-Typen* brauchen *F-Typen,* damit die sozialen Aspekte nicht zu kurz kommen, um die Sichtweise anderer zu verstehen und um auch die eigenen Gefühle wahrzunehmen.
- *F-Typen* brauchen *T-Typen,* um die logischen Zusammenhänge zu sehen, um kritische Punkte bereits vorausblickend zu erkennen, um berechenbare Prinzipien zu analysieren und um klare Verhältnisse zu schaffen.
- *J-Typen* brauchen *P-Typen,* um auch für Spontanes offen zu bleiben, um vorhandene Lösungsansätze flexibel auf die aktuelle Situation anwenden zu können, um gefällte Entscheidungen nochmals zu überdenken und um im Chaos die Nerven zu behalten.
- *P-Typen* brauchen *J-Typen,* um zu Entscheidungen zu kommen, Planungen einzuhalten und um das Ziel im Auge zu behalten.

Wenn Sie auf diese Weise aus den vordergründigen Gegensätzen ein neues, harmonisches Ganzes schaffen, erreichen Sie das, was Dreamteams ausmacht: synergetische Zusammenarbeit.

Das Geheimnis der Teammotivation

Projekt- und Teamleiter haben es nicht leicht. Viele stehen mächtig unter Zeit- und Erfolgsdruck. Viele Projektteams müssen in kürzester Zeit Spitzenergebnisse liefern, mit stark gekürzten Budgets und einer nur knappen Personaldecke. Teams und ihre Teamleiter stehen deshalb oft unter einem enormen Druck. Kein Wunder also, dass eine der häufigsten Fragen, die unserem Trainerteam gestellt wird, die folgende ist: »Wie schaffe ich es, dass mein Team sich reinhängt? Dass alle voll motiviert sind?« Fragen, die nicht nur im Team von hoher Bedeutung sind, sondern im ganzen restlichen Leben: Wie motiviert man Menschen?

Das fragen sich viele. Doch schon die Frage stimmt nicht: Sie führt nicht weiter. Die bessere Frage lautet: *Was* motiviert Menschen? Dass dies eine bessere Frage ist, haben Sie möglicherweise daran erkannt, dass Ihnen spontan eine Antwort dazu eingefallen ist: »Menschen motiviert das, was ihnen wichtig ist! Ist doch klar!« Was für einen Menschen wichtig ist, das motiviert ihn – und das ist nicht nur für Menschen so. Deshalb bellt auch der Hofhund, wenn ein Passant vorbeikommt: Es ist ihm wichtig, sein Revier zu verteidigen.

Wie motivieren dagegen in der Praxis Menschen andere Menschen? Wenn zum Beispiel das Team seit Minuten erhitzt über etwas völlig Nebensächliches diskutiert, appellieren viele Kollegen oder Teamleiter: »Nun seid doch mal vernünftig! Seht ihr nicht, dass diese Diskussion zu nichts führt?« Das haben Sie auch schon gesagt oder gehört? Wie hat es gewirkt? Lassen Sie mich raten: Wahrscheinlich meist sehr unbefriedigend. Entweder die lieben Kollegen diskutieren ungeniert weiter oder sie verstummen pikiert – weil sie sich auf den Schlips getreten fühlen. Der »Motivationsversuch« ist offensichtlich fehlgeschlagen.

Das ist wohl ein Grund, warum Sie diese Seiten lesen: Was landläufig unter Motivation verstanden wird, motiviert leider meist überhaupt nicht. Im Gegenteil. Wahrscheinlich hat prompt (mindestens) einer gemeckert oder die Augen verdreht, als Sie dazu aufforderten, »doch mal vernünftig« zu sein. So einen Spruch fassen die Menschen als Vorwurf oder Bevormundung, nicht als Motivation auf. Warum?

Warum reagieren manche Menschen so sauer, wenn sie zur Vernunft gemahnt werden? Weil es offensichtlich Bauchmenschen, also F-Typen sind. Die haben mit Vernunft nicht viel am Hut, wenn die Gefühle mit ihnen durchgehen. Warum nicht? Weil Vernunft nicht »ihr Ding« ist. Damit haben Sie bereits das Geheimnis der Motivation entdeckt.

Das Geheimnis der Motivation: Gib jedem das Seine!

Das wussten schon die alten Römer. Cicero prägte den Spruch: »Suum cuique!« Jedem das Seine. Warum? Weil es das ultimative Motivationsrezept ist.

Jedem das Seine!

Geben Sie jedem das Seine – und jeder wird motiviert sein! Um bei unserem Beispiel zu bleiben: Wenn jemand einen anderen motivieren möchte, indem er eindrücklich an dessen Vernunft appelliert, muss er geradezu scheitern. Denn bei diesem Gegenüber kann es sich nur um einen Bauchmenschen handeln. Einen Kopfmenschen müsste man nämlich gar nicht erst ermahnen, er solle vernünftig sein. Er ist es schon. Einem Bauchmenschen wiederum *darf* man es nicht sagen. Denn erstens bringt es nichts – der Bauchmensch ist zwar auch vernünftig, doch viel wichtiger als die Vernunft sind ihm seine Gefühle. Und zweitens demotivieren Sie ihn mit dem Appell an seine Vernunft. Sie machen ihn vielleicht sogar richtig wütend. Denn der Bauchmensch *möchte* emotional und nicht »kalt, berechnend und gefühllos« sein, wie der Bauchmensch »Vernunft« auch umschreiben würde.

Geben Sie einem Menschen, was ihm wichtig ist, und er wird motiviert reagieren. Also appellieren Sie nicht an seine Vernunft, wenn ein Bauchmensch mal wieder so richtig »austickt« und seinen Gefühlen freien Lauf lässt. Lassen Sie seinen und am besten auch Ihren Gefühlen freien Lauf: »Ja so eine verdammte Sauerei! Was sollen wir denn damit anfangen? Das ist ja wieder mal zum Haareraufen!« Schauen Sie ins Gesicht des mürrischen Bauchkollegen und erleben Sie eine Überraschung: Seine Miene hellt sich auf! Warum? Weil er sich verstanden fühlt. Warum? Weil Sie ihm durch die Blume gesagt haben: »Deine Gefühle sind okay. Ich habe auch welche. Lass sie raus!«

Was macht der Kopfmensch in Ihrem Team dabei? Wahrscheinlich nicht einmal gute Miene zum Spiel. An seiner Körpersprache werden Sie ablesen können, dass er wahrscheinlich denkt: »Was ist denn hier los? Fallen wir uns jetzt gleich gegenseitig in die Arme und heulen uns aus?« Deshalb ist es wichtig, dass Sie ihm ebenfalls geben, was er braucht und den Gefühlsausbruch der F-Kollegen intensiv aber relativ kompakt halten: »Das hat jetzt richtig gut getan. So, jetzt ist der Frust raus, wie geht es jetzt weiter? Wie lösen wir das Problem?« Damit sind Kopf- und Bauchmenschen wieder gemeinsam im Boot.

Je besser Ihre Menschenkenntnis, desto besser können Sie motivieren.

Kleines Quiz: Was motiviert wen?

Gehen Sie in Gedanken die acht Verhaltensneigungen durch (oder schlagen Sie einfach vorne im Buch nach). Womit demotivieren Sie die einzelnen Typen garantiert? Was motiviert sie dagegen? Ihnen werden sicher auf Anhieb einige Frustratoren und Motivatoren einfallen. Hier eine kleine Auswahl von Anregungen in Form eines Quiz:

1) Seit Tagen sitzt ein Kollege daran, die Projektplanung zu aktualisieren. Er kommt nicht recht voran, weil er dauernd irgendwo im Unternehmen unterwegs ist und »Schwätzchen« hält. Ein anderer Kollege sagt: »Den verdonnern wir jetzt dazu, endlich an seinem Schreibtisch zu bleiben und seine Arbeit zu machen! Nötigenfalls schließen wir ihn im Büro ein!« Was halten Sie davon?
2) Eine Teamkollegin setzt ein Arbeitspaket nach dem anderen wegen offensichtlicher Planungsmängel in den Sand. Das Team fordert sie ultimativ auf: »Sie müssen einfach viel gewissenhafter planen!« Funktioniert dieser Motivationsversuch?
3) Sie geben einem Teamkollegen die Aufgabe, alle 78 Komponenten eines Getriebes auf Einsparpotenziale zu überprüfen und motivieren ihn mit der Aussicht einer wesentlichen Kostensenkung für das fertige Getriebe. Der Kollege reagiert spontan demotiviert: »Das haben wir doch so oft schon gemacht! Das bringt doch nichts mehr!« Wie kann der Kollege es wagen, sich von potenziellen Kostensenkungen nicht motivieren zu lassen?
4) Susanne jammert: »Eine komplett neue Zugangslösung für das Sicherheitssystem soll ich entwerfen? So etwas habe ich doch noch nie gemacht! Das kann ich nicht!« Wie motivieren Sie sie?
5) Peter hat ein absolutes Chaos in seiner Ablage. Wann immer ihn jemand dazu auffordert, endlich Ordnung auf seinem Schreibtisch und in den Aktenordnern zu schaffen, redet er sich heraus: »Dafür habe ich gerade keine Zeit!« Wie motivieren Sie ihn?

6) Evi hat einen Bock geschossen. Sie sagen ihr: »Evi, du hast Mist gebaut. Es sind 25, nicht 22 Datensätze. Mensch, wenn das der Chef sieht! Korrigiere das sofort!« Evi zieht eine Schnute und murmelt etwas davon, dass das alles gar nicht so schlimm sei. Was ist passiert?
7) Sie möchten einen T-Kollegen für eine Teamaufgabe motivieren. Wie stellen Sie das an?
8) Verena meckert: »Fangen wir jetzt nicht um 15 Uhr an, wenn es in der Einladung 15 Uhr heißt oder warten wir auch noch auf den letzten Nachzügler?« Was für ein Problem liegt hier vor?
9) Klaus mosert: »Müssen wir uns denn jetzt schon festlegen? Das hat doch noch Zeit! Wir wissen doch gar nicht, wie sich die Sache entwickelt!« Wie motivieren Sie ihn, trotzdem eine Entscheidung zu unterstützen?
10) Hans ist richtig sauer: »Das ganze Projekt hat weder Hand noch Fuß. Das Teamklima ist absolut mies. Hier herrscht doch immer das reinste Chaos!« Wie motivieren Sie diesen Demotivierten?

Die Auflösungen

1) Ganz dumme Idee. Der säumige Kollege würde sauer reagieren und möglicherweise noch weniger leisten. Er ist offensichtlich extravertiert. Also verdonnern Sie ihn nicht zur »Einzelhaft«. Denn in Isolationshaft kann der Extravertierte weder denken noch arbeiten. Bilden Sie vielmehr mit ihm und zwei, drei anderen Kollegen eine Planungsgruppe, die im Meeting die anstehende Aufgabe erledigen kann. Viele extravertierte Menschen können nur unter anderen Menschen produktiv arbeiten.
2) Nein. Vorwürfe motivieren nicht. Der gemachte Vorwurf lässt jedoch Rückschlüsse auf den Typ der kritisierten Teamkollegin zu: Sie plant nicht »gewissenhaft«, sie ist also wohl ein N-Typ. An diesem Beispiel erkennen wir sehr schön, dass viele Motivationsprobleme eigentlich Organisationsprobleme sind: Warum muss ein N-Typ ausgerechnet Detailplanung machen? Das hieße doch, den Bock zum Gärtner zu machen! Einen Hirnchirurgen würden Sie ja auch nicht zum Holzhacken einstellen! Die Kollegin

braucht einen S-Adjutanten, der sich um die Planungsdetails kümmert, damit sie den Kopf frei hat für die strategische Grobplanung.

3) Der Kollege ist offensichtlich ein N-Kollege: Routinejobs (»Das haben wir doch so oft schon gemacht!«) und vor allem Detailarbeiten (47 Komponenten!) demotivieren ihn extrem. Woran wir ein wesentliches Motivationsprinzip erkennen:

Die einfachste Motivation ist, Demotivation zu vermeiden.

Das bedeutet: Geben Sie einem N keine S-Aufgaben! Das muss ja demotivieren. Eine Arbeit, die Ihnen nicht liegt, würde Sie ebenfalls frustrieren. Geben Sie die Aufgabe einem S-Kollegen. Wenn das nicht geht, gestalten Sie die Aufgabe neu. Einen N-Kollegen motivieren Sie zum Beispiel, indem Sie die Aufgabe folgendermaßen umgestalten: »Konstruiere das komplette Getriebe neu, und zwar so, dass wir 20 Prozent weniger Kosten haben. Oder ändere tragende Prinzipien des alten Getriebes so, dass der gleiche Kosteneffekt entsteht.« Im Ergebnis kommt das Gleiche bei dieser Aufgabe heraus – doch der N ist für das Neue, bisher Ungedachte, Prinzipielle (nicht das Detaillierte) ungleich motivierter als für Routinejobs.

4) Wer ist scharf auf alles Neue, Ungedachte? Richtig, der N. Der S mag Neues nicht besonders. Vor allem, wenn er oder sie es »noch nie gemacht hat«. Um eine S zu motivieren, sollten Sie das Neue auf Altes zurückführen: »Susanne, so neu ist das gar nicht. Erstens, du hast damals beim Projekt X schon eine komplett neue Detaillösung entworfen. Und zweitens kannst du einfach von der alten Lösung ausgehen und so lange schrittweise (ein S-Signalwort) Verbesserungen einbauen, bis automatisch etwas Neues entsteht.«

5) Der unordentliche Peter ist mit hoher Wahrscheinlichkeit nicht unordentlich, sondern ein hochgradiger Visionär, ein N-Mensch. Routinejobs wie Aufräumen motivieren ihn nicht. Doch selbst Visionäre finden in einer schlampigen Ablage bald nichts mehr. Wenn Sie ihn zum Aufräumen motivieren möchten, sprechen Sie

deshalb das Motiv an, das N-Menschen bewegt: Überblick, Transparenz. Auch Zusammenhänge motivieren N-Kollegen. Ein solcher Zusammenhang könnte sein: »Wenn du Ordnung in deine Ablage bringst, finden endlich auch die Kollegen wieder das, was sie brauchen, wenn sie für ihre Aufgaben auf deine Daten zugreifen müssen.«

6) Sie haben eben eine F-Kollegin demotiviert. Evi ist offensichtlich ein F-Mensch, das heißt extrem empfindlich, was Kritik anbelangt. Eben eine »Mimose«? Nein, das würde nur ein T-Mensch sagen, der nicht weiß, dass er ein T-Mensch ist und dass nicht alle anderen Menschen auf der Welt ebenfalls T-Menschen sind. »Du, Evi, ich sehe gerade, dass es 25 und nicht 22 Datensätze sind. Ich möchte nicht, dass der Chef sauer reagiert (das möchte F-Evi auch nicht!). Wie schnell kannst du die drei anderen Sätze organisieren?« Superschnell, denn F-Evi möchte eine Missstimmung (= Gefühl!) des Chefs vermeiden. Also geht sie hoch motiviert an die Aufgabe heran.
7) Sie vermeiden jede »Gefühlsduselei« und »Klimapflege« – auch wenn Sie eher ein F-Typ sind. Sie kommen direkt und offen zum Punkt. Sie konzentrieren sich auf die Sache, auf ZDF (Zahlen, Daten, Fakten). Sie geben einen klaren Auftrag und klare Zielvorgaben. Das würde jeden Bauchmenschen auf die Palme treiben? Mag sein, doch der Kopfmensch fühlt sich verstanden.
8) Menschen mit mangelnder Menschenkenntnis glauben irrtümlich, dass das ein Problem der Pünktlichkeit sei. Es ist aber ein Motivationsproblem: J-Verena fühlt sich in der vereinbarten Ordnung gestört und ist daher demotiviert. Motivieren Sie sie wieder: »Ich schlage folgende Vorgehensweise (J-Signalwort!) vor: Wir warten exakt (Signalwort) noch 7 Minuten, also bis 15.15 Uhr, danach beginnen wir mit den formalen Tagesordnungspunkten 1 und 2.« Damit ist die Ordnung für J-Verena wieder hergestellt.
9) P-Klaus mag sich als spontaner, flexibler Mensch ungern festlegen. Also tun Sie beides: die fällige Entscheidung treffen *und* den P-Kollegen im Team ein Hintertürchen offen lassen: »Wir brauchen die Entscheidung jetzt, sonst können wir die Bauteile nicht beschaffen. Sobald sich die Sachlage jedoch wesentlich ändert,

müssen und werden wir selbstverständlich unsere Entscheidung entsprechend abändern oder revidieren.« Das motiviert auch den P, seine Hand für eine Entscheidung zu heben.

10) Ein schönes Beispiel. Es zeigt uns, dass im Gegensatz zu den neun vorangegangenen (und didaktisch vereinfachten) Quizfragen Menschen nicht eindimensional, sondern mehrdimensional sind. Deshalb hat auch die Motivation meist mehr als eine Dimension. Trotzdem bleibt alles beim Alten: Arbeiten Sie einfach ein Motiv nach dem anderen, eine Neigung nach der anderen ab. Jedes Motiv, jede Neigung, die Sie erkennen und auf die Sie eingehen, steigert die Motivation Ihres Gegenübers. Hans gibt Hinweise auf drei Neigungen: »weder Hand noch Fuß« ist eine S-Signalformulierung, das angeblich miese Teamklima weist auf F hin und das vermeintliche Chaos auf eine starke J-Neigung. Wenn Sie ihn motivieren möchten, gehen Sie am besten auf alle drei Neigungen ein.

So führen Sie ein homogenes Team

Das Sympathiesyndrom schlägt zu

Die Verteilung der einzelnen Profile auf Ihrer Teammatrix ist sehr homogen (s. »Die Teammatrix«, S. 63). Ihr Team ist damit zwar eher harmonisch. Die Kehrseite dieser Harmonie ist aber eine gewisse einseitige Ausrichtung Ihres Teams.

Vielleicht haben Sie Ihre Teamkollegen mit ausgesucht. Vielleicht wurden Sie aber selbst vom gleichen Vorgesetzten ausgewählt, der auch Ihre Kollegen auswählte. Wie dem auch sei, Ihr Team wurde Opfer des Sympathiesyndroms.

Die Einzelnen wurden genommen, weil sie dem, der die Auswahl traf, gut passten. Und ganz unbewusst sucht man sich dabei immer diejenigen aus, die einem selbst ähnlich sind: Gleich und Gleich gesellt sich gern. Stärken und Schwächen, Neigungen und Abneigungen der Teammitglieder wurden nicht oder mit falschen Mitteln geprüft. Oft erfolgt die Teamauswahl auch nur unter rein fachlichen Gesichtspunkten. Ob die Leute sich wirklich sinnvoll ergänzen, wird nicht überprüft.

Solche einseitig ausgewählten Teammitglieder können sich nur sehr begrenzt gegenseitig ergänzen. Wenn heute Organisationspsychologen das Team als die ideale Arbeitsform bezeichnen, dann meinen sie immer ein heterogenes Team. Ganze Branchen hätten – wenn sie diese Erkenntnis umgesetzt hätten – ihren Niedergang verhindern können.

Ein trauriges Beispiel bietet der Untergang der Schweizer Uhrenindustrie in den 70er-Jahren. Hier waren jede Menge Macher (ZSFJ, s. Abschnitt »Das einseitige Team«, S. 72) am Werk. Es fehlten jedoch offensichtlich die Kreativen, die Visionäre (INZP). Die arbeiten zwischenzeitlich bei Swatch.

Einige Bankskandale der jüngeren Vergangenheit lassen sich vermutlich auch auf eine ungesunde Anhäufung von Organisatoren (ZSTJ) zurückführen.

Führen eines homogenen Teams heißt in diesem Sinne also Hinführen zu einem heterogenen Team. Nun können Sie einzelne Teamkollegen nicht einfach entlassen und neue Bewerber mit den noch fehlenden Profilen einstellen. Sie haben nur eine Chance: Machen Sie das Beste aus Ihrem Team. Wie kann dies vor sich gehen?

Machen Sie das Beste daraus

Der große Nutzen der Teammatrix liegt darin, dass Sie und Ihr Team auf einen Blick erkennen, wo die Schlagseite liegt (s. »Das einseitige Team«, S. 72f.). Darauf können Sie aufbauen. Tun Sie das aber um Himmels willen niemals alleine. Sie fordern sonst unweigerlich den Widerstand jedes rational handelnden Menschen heraus, wenn Sie aufgrund Ihrer Schlagseitenanalyse zu Lösungsschritten kommen, die Ihre Teamkollegen zu Betroffenen, nicht zu Beteiligten machen.

Der nahe liegende Fehlschluss aus der Teammatrix ist nämlich, einzelnen Kollegen zu sagen: »Wir haben ein Defizit im Bereich xy, also übernimm mal die Rolle.«

Man kann Menschen nicht einfach dadurch verändern, indem man ihnen sagt: »Sei doch nicht immer so ...« – »Sieh es doch mal so ...« Das haben schon unsere Eltern und Lehrer mit uns versucht und sind von uns prompt dabei an den Rande des Wahnsinns getrieben worden. Solche Missionierungsversuche verärgern die Missionierten und kosten den Missionar Zeit und vergeudete Mühe. Es gibt dazu einen bösen aber treffenden Merkspruch der Personalentwickler: »Versuch nie einer Kuh das Klavierspielen beizubringen. Du verärgerst die Kuh und vergeudest deine Zeit.«

Die einzig Erfolg versprechende Methode ist, ein Teammeeting einzuberufen.

Das Teammeeting

Wählen Sie für das Meeting aus dem Team einen Moderator, der dafür sorgt, dass wirklich alle Meinungen und Ansichten auf den Tisch kommen und dass alle Äußerungen gleichberechtigt wahrgenommen werden.

Es ist besser, Sie übernehmen diese Rolle nicht selbst. Dann sind Sie viel freier in Ihrer Diskussion. Bevor es losgeht, sollten Sie aber den Sinn und das Ziel der Veranstaltung ganz konkret benennen. Als Teamleader ist es Ihre Aufgabe, Ihr Team zu einer solchen Reflexion zu motivieren.

Präsentieren Sie das zuvor erarbeitete Teamprofil und klären Sie die Fragen: Wozu das Ganze? Was soll für das Team dabei herauskommen?

Danach geben Sie die Leitung an den Moderator ab. Die erste Aufgabe des Moderators ist die Ist-Analyse.

Erster Schritt: Folgende Teamrollen sind vertreten:

Zweiter Schritt: Welche Schwierigkeiten gab es in letzter Zeit?

Dritter Schritt: Was haben diese Schwierigkeiten mit der Teamzusammensetzung zu tun?

Die nächste Aufgabe des Moderators ist es, den idealen Zustand herauszuarbeiten.

Vierter Schritt: Wie müsste es idealerweise laufen? Für welche Situationen oder Phasen brauchen wir verstärkt was?

An dieser Stelle werden die Teammitglieder ihre Wunschvorstellungen für ein ideales Team formulieren. Diese müssen Sie nun gemeinsam zu realisierbaren Lösungen entwickeln.

Aller Anfang ist leicht

Schon bei dieser ersten Problemlösungssitzung können Sie damit beginnen, die Schlagseite in Ihrem Team auszugleichen. Wenn Sie als Team beispielsweise ohnehin sehr kreativ sind, achten Sie einfach darauf, dass nach der Ideenphase auch wirklich ausreichend Zeit für Vorschläge zur konkreten Umsetzung der zuvor gefundenen Ideen zur Verfügung steht.

Das gilt natürlich ebenso umgekehrt. Wenn Sie als Team überwiegend S sind, unterstützen Sie besonders die Phase der Ideenfindung durch

- ausreichend Zeit sowie durch
- die allgemeinen Brainstormingregeln.

Letztere lauten: Bei der Ideenfindung darf, ja, soll so richtig gesponnen werden. Jeder soll äußern, was ihm gerade zum Thema einfällt. Und: Bewertungen sind absolut tabu.

Ihr Team kann das. In jedem S-Team steckt ein kleiner Anteil N. Lediglich die Verhaltenspräferenz liegt auf S. Das heißt, es geht gar nicht darum, neue Fähigkeiten erlernen zu müssen. Sie müssen lediglich die eigenen, bereits vorhandenen Ressourcen neu entdecken und bewusst nutzen.

Das muss nicht schon bei der ersten Sitzung funktionieren. Ein schöner Erfolg für die erste Sitzung ist bereits, wenn die bislang vernachlässigte Funktion neu gesehen und bewertet wird. Allein diese neue Wahrnehmung wird in der Regel bereits zu neuen Verhaltensweisen führen. Denn Wahrnehmung und Einstellung steuern unser Verhalten.

So resultiert beispielsweise die J-Eigenschaft der beurteilenden Lebenseinstellung häufig auf dem ein Leben lang vermittelten Druck, auf alles immer eine richtige Antwort haben zu müssen. Alles kontrollieren zu müssen. Die neue Einsicht, dass es heute mehrere »richtige« Antworten gibt, kann für manche sogar recht befreiend sein. Eine flexible Haltung des »Sowohl-als-auch« führt insbesondere bei typisch männlich sozialisierten Menschen zu mehr Gelassenheit in Situationen mit großer Unsicherheit.

Was ich bei meinen Teamcoachings immer wieder erlebe, ist, dass Teammitglieder mit dem geringsten Wert beim betreffenden Buchstabenpaar die fehlenden Rollen besetzen. Dieses Phänomen lässt sich im privaten Alltag gleichermaßen beobachten. Angenommen, bei einem Ehepaar ist er stark (9 oder 10) und sie schwach introvertiert (6). Dann wird sie fast automatisch den extravertierten Part in der Beziehung übernehmen. Sie wird es sein, die immer wieder darauf drängt, dass sie gemeinsam auch einmal etwas außerhalb der eigenen vier Wände mit anderen Leuten unternehmen.

Fallbeispiele

Seit Sie dieses Buch in die Hand genommen haben, wissen Sie schon sehr viel mehr über Ihr Team. Aber Sie wissen auch: Wissen allein bedeutet nicht gleichzeitig anwenden. Manchmal tauchen Teamsituationen vor Ihnen auf, bei denen Sie denken: »Mensch, das müsste ich doch jetzt lösen können, ich habe das doch gelesen!«

Seien Sie nicht zu hart mit sich. Es ist noch kein Meister vom Himmel gefallen. Erst die Übung macht den Meister. Deshalb lade ich Sie jetzt ein, mit mir gemeinsam einige Praxisbeispiele durchzuspielen. Alles Beispiele, die aus unserer Beratungs- und Seminarpraxis stammen.

Es ist nicht genug zu wissen, man muss auch anwenden. *(Goethe)*

Es ist gut, wenn Sie Ihr neues Wissen an der Praxis messen, indem Sie die folgenden Beispiele lesen. Es bringt Ihnen jedoch sehr viel mehr, wenn Sie mit gespitztem Bleistift mitarbeiten. Je intensiver Sie Ihren eigenen Lösungsansatz entwickeln, desto sicherer sind Sie nachher im »wirklichen Leben« mit Ihrem eigenen Team. Nehmen Sie es als sportlichen Wettstreit: Wie gut können Sie schon die folgenden Teamnüsse knacken?

Fallbeispiel 1: Der innovative Teamleiter

Gerhard Kamann ist Geschäftsführer einer kleinen amerikanischen Tochtergesellschaft mit 28 Mitarbeitern. Seine Mitarbeiter sind alle äußerst teamorientiert und arbeiten in unterschiedlichen Projekten zusammen.

Gerhard Kamann sieht sich weniger als Chef, sondern mehr als Teamleiter. Er mag seine Arbeit sehr. Seine Hauptaufgabe sieht er darin, neue und große Projekte zu akquirieren und den Kontakt mit der Hauptverwaltung in Boston zu pflegen. Auf fast jedem Meeting schwört er sein Team auf die Ziele ein, die bis zum Jahr 2010 erreicht werden sollen.

Laufend entwickelt er neue, umsatzbringende Ideen, die er meistens mit präzisen Kalkulationen untermauert. Größtenteils ist er enttäuscht, dass seine Mitarbeiter nicht so begeisterungsfähig sind wie er selbst. Deshalb entschließt er sich zu einem Teamworkshop. Sein Ziel dafür ist, das gesamte Team auf eine gemeinsame Vision einzuschwören.

Der erste Arbeitsschritt des Workshops lautet: Wie zufrieden bin ich mit unserer momentanen Situation? Natürlich fällt Gerhard Kamann aus allen Wolken, als die Mitarbeiter sich daraufhin Luft verschaffen. Übereinstimmend kommt heraus: Alle sind zufrieden mit der kollegialen Zusammenarbeit in den jeweiligen Projektteams. Doch sie fühlen sich oft von Gerhard Kamann im Stich gelassen. Einer der Vorwürfe lautet, dass der Geschäftsführer zwar immer wieder neue Sachen anleiere, dann aber in keinster Weise am Projektverlauf interessiert sei.

Mitarbeiter, die mit konkreten Problemen zu ihm kämen, höre er nur kurz an und sage dann: »Das könnt ihr alles doch alleine lösen.« Fast nie nehme er sich Zeit, ihnen einmal wirklich zuzuhören. Ständig sei er unterwegs und für ihre Belange nicht ansprechbar. Wenn er dann mal im Büro sei, schwärme er nur von neuen Projekten und der zukünftigen Entwicklung. Wenn die Mitarbeiter aber bezüglich ihrer Projekte Entscheidungen von ihm benötigten, vertage er diese gerne. Selbst einmal getroffene Entscheidungen nehme er des Öfteren tags darauf wieder zurück.

Ihre Analyse

Soweit die Sachlage. Wie gehen Sie das Problem an? Wo setzen Sie an?

Wir interpretieren den bekannten Spruch um: »Wer einen Hammer hat, für den sieht alles wie ein Nagel aus.« Ihr neuer Hammer ist die Typologie. Also nehmen Sie sie zur Hand. Typisieren Sie Gerhard Kamann. Unterstreichen Sie im Fallbeispiel die Stellen, die auf eine typische Prädisposition hinweisen und schreiben Sie den passenden Buchstaben an den Rand. Dann kreuzen Sie an, Gerhard Kamann ist

☐ E	☐ I
☐ N	☐ S
☐ T	☐ F
☐ J	☐ P

Gerhard Kamann ist E, typisch dafür die Klage der Mitarbeiter: ständig sei er unterwegs und für ihre Belange nicht ansprechbar. Er ist intuitiv (N), denn laufend akquiriert er neue Projekte. Er ist Denker (T), denn er untermauert seine Vorschläge mit Kalkulationen und übersieht die Emotionen seiner Mitarbeiter. Und schließlich ist er ein Perceiver (P), denn er vertagt Entscheidungen gerne und/oder wirft sie wieder um. Wie viele Prädispositionen haben Sie entschlüsselt? Zwei? Gut. Drei? Sehr gut. Vier? Hervorragend.

Aber was heißt das nun? Was muss aus Ihrer Sicht anders werden, damit die Mitarbeiter sich besser unterstützt fühlen?

Bedenken Sie bei Ihrem Lösungsvorschlag das eherne Motivationsprinzip: Erst anerkennen, dann berichtigen. Sonst werden selbst Ihre Lösungsvorschläge nur als negative Kritik empfunden. Also ungefähr so:

- E ist eine hervorragende Prädisposition für eine kleine Vertriebsfirma. Der Boss geht raus und baggert neue Aufträge rein. Aber seine Mitarbeiter wünschen sich genauso, dass er nicht nur raus, sondern auch einmal nach innen geht.
- N ist ebenso wichtig für einen Chef: Er denkt an die Zukunft. Aber er sollte auch an die Gegenwart denken, die täglichen Belange seiner Mitarbeiter.
- T ist ideale Grundlage für reife, überlegte Entscheidungen. Aber seine Mitarbeiter erwarten von Gerhard Kamann auch, dass er ab und zu menschliche Anteilnahme zeigt. Das ist die berühmte Sozialkompetenz der Führungskraft.
- P ist eine wichtige Voraussetzung für flexible Reaktionen in unsicheren Märkten. Aber Mitarbeiter brauchen ebenso Entscheidungen, an die sie sich halten können. Sonst werden sie zu sehr verunsichert.

Unser Lösungsvorschlag

Sie haben also herausgefunden: Gerhard Kamann ist ENTP. Und sicherlich hilft es ihm und seinem Team, wenn alle sein Profil kennen. Doch was bringt das konkret? Soll sich Gerhard Kamann jetzt ändern? Inwieweit ginge das überhaupt, selbst wenn er wollte? »Mit 30 ist der Charakter der meisten Menschen so hart wie Gips«, schrieb William James 1887.

Das war auch die herrschende Lehrmeinung der Psychologie bis in die 70er-Jahre hinein. Die moderne Psychologie dagegen geht von einer lebenslangen Veränderung aus. Das haben Sie schon im Abschnitt »Gefangen im eigenen Käfig« (s.S. 60) erfahren. Ändern könnte sich Gerhard Kamann also durchaus. Aber das ist nicht die eigentliche Frage.

Die Frage in einer solchen Situation sollte immer sein: Ist eine Änderung für das Unternehmen als Ganzes überhaupt erstrebenswert? Polemisch überspitzt könnte das bedeuten: Wenn Gerhard Kamann plötzlich vom E zum I würde, hätten seine Mitarbeiter mehr von ihm – aber bald keinen Job mehr. Denn wer holt dann die Aufträge rein?

Diese Problemlösung ist also zu teuer. Gerhard Kamann darf sich so nicht ändern müssen. Trotzdem müssen I- und F-Funktionen wahrgenommen werden. Und hier setzte im konkreten Fall unser Lösungsvorschlag an: Wer im Team kann Gerhard Kamann bei den Außenkontakten entlasten? Natürlich nur bei denjenigen Außenkontakten, die nicht Chefsache sind. Dann hätte Gerhard Kamann wirklich mehr Zeit für seine Mitarbeiter. Die er freilich unbedingt dafür reservieren müsste. Damit er diese Zeit für sich und für die Mitarbeiter nützlich verwenden kann, schlugen wir im konkreten Fall vor, dass er seine alten Trainingsunterlagen zum Thema Aktives Zuhören noch einmal zur Hand nehme. Doch das war nur die halbe Lösung.

»It takes two to tango«, sagen die Amerikaner: Für einen Konflikt sind immer beide Seiten verantwortlich. Die zweite Frage, die wir stellten, lautete also: Können sich eventuell auch die Teammitglieder dahingehend ändern, dass sie noch selbstständiger werden, den gegebenen Freiraum voll nutzen und Entscheidungen innerhalb ihres Kompetenzrahmens wirklich ohne den großen Boss treffen? Hier lag die Lösung wie so oft in der Mitte. Beide Parteien mussten einen Schritt aufeinander zu machen, um zu einem synergetischen Team zusammenzuwachsen.

Wie es weiterging

Sie sehen: Die Teamklärung anhand der Persönlichkeitsanalyse war hier sehr hilfreich. Der Teamleiter hielt seinen Teamkollegen vor, nicht begeisterungsfähig zu sein. Die Teamkollegen hielten ihm vor, nicht für sie da zu sein. Sie kennen das: Solche Grabenkämpfe bringen nichts – außer Stress und Ärger. Die Persönlichkeitsanalyse half nun dem Team

- von den destruktiven Anschuldigungen weg zu kommen,
- eine konstruktive Sichtweise der Situation zu erlangen,
- den anderen nicht zu beschuldigen, sondern zu verstehen,
- die Aspekte zu erkennen, die aus dem Dilemma herausführen.

Gerhard Kamann war zuvor oft enttäuscht davon, dass seine Mitarbeiter nicht genauso motiviert und begeistert wie er die Zukunft gestalten wollten. Erst durch die Persönlichkeitsanalyse wurde ihm bewusst, dass Menschen auch aus anderen Gründen (Motivatoren) Spaß und Freude an der Arbeit haben können. Was für den einen wichtig ist, kann für den anderen ohne Belang sein. Motivation ist etwas sehr Persönliches.

Deshalb nahm sich Gerhard Kamann vor, in Zukunft mehr darauf zu achten, was seine Mitarbeiter an ihrer Arbeit motiviert und wie er sie hierbei unterstützen kann. Einen Motivator nahm er schon aus dem Workshop mit: Seine Mitarbeiter motiviert offenbar, wenn er sich für die Projektergebnisse interessiert. Wenn er ihnen das Gefühl gibt, das Projekt anerkennend zu begleiten. Deshalb nahm er sich vor, gemeinsam mit dem jeweiligen Projektleiter Kontrollpunkte zur Messung der Fortschritte abzusprechen und sich regelmäßig über den Stand der Dinge zu informieren.

Fallbeispiel 2: Hans Dampf in allen Gassen

Sabine Jansen ist Teamleaderin eines achtköpfigen Hotlineteams. Ihre gemeinsame Aufgabe ist es, technische Störungen und Probleme von Kunden telefonisch zu lösen. An und für sich arbeiten alle gut zusammen, doch in den letzten Wochen gab es immer wieder Spannungen mit einem Teammitglied.

Thomas Berglund ist promovierter Mathematiker und hatte die Stelle als Hotlineberater vor einem halben Jahr notgedrungen angenommen, da er keine adäquate Arbeit fand. Zu Beginn schien Berglund ein Glücksgriff für das Team. Er hatte sich sehr schnell mit dem Produkt vertraut gemacht. Es schien, als mache ihm die Arbeit Spaß. Er übernahm freiwillig noch andere Produkte, in die er sich einarbeitete.

Seine Kunden konnte er fast wie im Schlaf beraten. Außerdem hatte er einen guten Kontakt zu den anderen gefunden. Alles lief also bestens.

Seit einigen Wochen passiert es allerdings immer häufiger, dass Thomas sich um Dinge kümmert, die nicht zu den eigentlichen Aufgaben eines Hotlineberaters zählen. Jederzeit können ihn Kollegen aus anderen Abteilungen um etwas bitten, worauf er sofort alles liegen lässt, um bei irgendeinem kniffligen Problem zu helfen. Er ist inzwischen in der Firma sehr beliebt. Seine Kollegen jedoch sind sauer auf ihn. Sie haben das Gefühl, seine Arbeit mitmachen zu müssen. Sabine Jansen schlägt in einem Meeting vor, die aufgetretenen Schwierigkeiten zu besprechen. Was ist Ihre Einschätzung des Problems?

Richtig, Sie beginnen wieder bei der Persönlichkeitsanalyse. Haben Sie alle vier Buchstaben beisammen? Thomas Berglund ist ENFP. Er ist für alles Neue offen und hasst Routinearbeit (N). Das erklärt, warum er anfangs einen so guten Start im Team hatte. Außerdem ist er als Einfühlsamer sehr hilfsbereit. Das bewirkt, dass jedermann zu ihm kommen kann, besonders wenn es sich um eine knifflige Aufgabe handelt. Dabei hilft ihm sein P-Anteil: Er kann sich immer spontan auf diese Aufgaben umstellen.

Sabine Jansen hat schon einige Erfahrung mit der Persönlichkeitsanalyse. Deshalb kann sie ihrem Team in einem Meeting vermitteln, wie sie die Situation wahrnimmt, ohne jemandem auf die Füße zu treten. Sie stellt Thomas Berglund nicht als Angeklagten dar, sondern als fähigen Mitarbeiter.

Sie erläutert seine N- und F-Tendenzen. Thomas Berglund bestätigt diese: Ja, ihn langweilen inzwischen die immer gleichen Anfragen der Kunden. Er schildert seinen Kollegen, wie anstrengend er das empfindet. Er meint, die Zeit ginge dabei überhaupt nicht vorbei. Er sähe keine Herausforderung mehr in dieser Tätigkeit. Damit wissen alle Beteiligten, wo das Problem liegt. Wo liegt die Lösung? In einem kleinen Exkurs.

Exkurs: Ihr Diagnostik-Computer

Angenommen, Ihr Wagen streikt. Sie bringen ihn in die Autowerkstatt. Der Mechaniker sagt: »Klar, der Anlasser ist kaputt.« Er wechselt den Anlasser aus. Der Wagen springt nicht an: »Logisch, die Zündspule zündet nicht.« Er wechselt die Spule aus. Der Wagen springt nicht an ...

Man kann auf viele Knöpfe drücken, aber nur einer ist der richtige. Ihn durch Versuch und Irrtum herauszufinden ist ausgesprochen ungeschickt. Jedoch nicht nur im Kfz-Bereich ist dieses Problem häufiger anzutreffen, als einem geplagten Kunden lieb sein kann. Dagegen glänzen gute Werkstätten durch ihre beinahe medizinisch anmutende Diagnostik. Bevor auch nur ein einziges Teil im Motorraum ausgewechselt wird, wird Ihr Wagen an einen Diagnostik-Computer angeschlossen. Der ermittelt genau, wo das Problem liegt.

Was der Diagnostik-Computer für Ihren Wagen tut, tut das Modell der logischen Ebenen von Robert Dilts (s. Schaubild auf der rechten Seite) für Ihre Führungs- und Teamprobleme. Es hilft Ihnen in Problemsituationen zu bestimmen, wo das Problem eigentlich wirklich liegt. Bevor Sie wie wild Veränderungen initiieren, von denen die eine wie die andere am Problem vorbeigehen. Wir spielen das gemeinsam durch.

Angenommen, ein Projektteam für ein neues Produkt klagt, dass der Austausch untereinander nicht funktioniere: »Die Abstimmung dauert immer viel zu lange und wir entwickeln oft nebeneinander her.« Sie schalten Ihren Diagnostik-Computer ein und beginnen auf der untersten Ebene des Modells: Umwelt und Umfeld. Wo arbeitet das Team? Wann passiert die Abstimmung? Und siehe: Das Projektteam setzt sich aus Mitarbeitern aus der Zentrale und aus zwei Regionalbüros zusammen, die außerhalb der Teamsitzungen natürlich räumlich getrennt sind.

Damit ist klar: Der Austausch wird maßgeblich durch die Umfeldfaktoren behindert. Als Lösungsvorschläge werden unterbreitet: Mehr Meetings und/oder Videokonferenzen und/oder vernetzte DV und/oder ...

In einem anderen Team besteht das gleiche Problem: Die Kommunikation funktioniert nicht gut genug. Informationen werden nicht immer rechtzeitig weitergegeben und der zwischenmenschliche Kontakt ist nicht gerade freundschaftlich. Ebene 1: Wo sitzt dieses Team? Wann kommuniziert es? Dieses Team sitzt in einem Großraumbüro und hält wöchentlich ein Meeting ab. Das Problem liegt also nicht auf dieser Ebene.

Sie aktivieren Ebene 2: Was tun die Teammitglieder, um dieses Problem zu haben? Welches Verhalten bewirkt die Schwierigkeiten? Denn im problemhaften Verhalten liegt meist auch schon die Lösung des Problems. Also finden Sie zum Beispiel heraus, dass konkret zwei Teammitglieder Informationen immer erst auf Anfrage weitergeben. Dann vereinbaren Sie – gemeinsam –, welche Informationen die beiden künftig auch ungefragt regelmäßig herausgeben werden.

Die Coachingebenen

Ebene 6	Wer bin ich?	Ich bin ein Teamleader
Ebene 5	Was motiviert/treibt mich? Warum tue ich es?	Kreativität und Entwicklung
Ebene 4	Was glaube ich über ...?	Fehler sind Lernchancen
Ebene 3	Was kann ich? Wie geht es?	Moderationstechnik und Visualisierung
Ebene 2	Was tue ich?	Probleme ansprechen
Ebene 1	Wo? Wann?	Auswirkung auf das Gesamtunternehmen

Nach R. Dilts

Nach zwei Wochen fragen Sie nach, wie es denn so läuft im Team. Doch statt Erfolgsmeldungen bekommen Sie etwa Folgendes zu hören: Die beiden Teammitglieder halten sich zwar an die Absprache. Doch stellt jetzt einer von ihnen immer auf sehr detaillierte Weise seinen Kollegen alles haarklein dar, woran er gerade arbeitet. Die Kollegen fühlen sich genervt. Der Betroffene fühlt sich zurückgewiesen und verunsichert. Sie aktivieren die nächste Ebene.

Ebene 3: Welche Strategie ist für das Problem verantwortlich? Oder: Welche Strategie oder Fähigkeit fehlt, um das Problem zu beheben? Sie sehen, dass der Teamkollege die Strategie der genauen Berichterstattung praktiziert. Anstelle dieser empfehlen Sie dem Kollegen nun, sich auf das Wesentliche zu konzentrieren und sich – bevor er andere informiert – in diese hineinzuversetzen: Welche Informationen brauchen diese, um ihre Arbeit zu tun?

Doch damit ist das Problem noch nicht geklärt. Denn der andere der beiden Kollegen hat sich zwar durchaus an die Absprache gehalten, doch hält er jetzt ganz bestimmte Informationen zurück, die ihm einen Vorteil verschaffen. Das ist Ebene 4: Warum macht er das? Was bezweckt er damit? Das ist die spannende Ebene der Glaubenssätze, der Grundüberzeugungen.

In einem persönlichen Gespräch erfahren Sie von ihm, was er tatsächlich vom Teamgedanken hält: »Auch in Zukunft kann immer nur einer befördert werden. Ich habe noch nichts davon gehört, dass ein ganzes Team die Leiter hinauffällt.« Völlig rational, dass dieser Kollege die Trümpfe im Ärmel behält. Hier muss Überzeugungsarbeit geleistet werden. Sie werden ihn davon überzeugen müssen, dass künftig das Unternehmen und die Arbeitsplätze nur durch echte Teamarbeit bestehen bleiben können.

Und damit sind Sie als aufgeklärte Führungskraft mitten in der Organisationsentwicklung. Das heißt, die Ebene 1 wird zum Engpassfaktor: Was sind die inoffiziellen Spielregeln? Wenn im Betrieb zwar Teamarbeit auf den Fahnen steht, aber doch nur wieder die alten Einzelkämpfer anerkannt und befördert werden, können Sie sich Ihre Überzeugungsarbeit auf Ebene 4 nämlich sparen.

Die nächste Ebene – Ebene 5 – hängt sehr stark mit Ebene 4 zusammen: Was ist mir wichtig in meinem Leben, bei meiner Arbeit? Werte, die uns besonders wichtig sind, steuern unser Verhalten.

Wenn Ihnen beispielsweise Werte wie Kreativität und Erfolg besonders wichtig sind, werden Sie sich in Ihrem Verhalten stark von einer Person unterscheiden, deren Werte Sicherheit und Zusammengehörigkeit sind.

Diese Werte wiederum hängen sehr stark mit unserer Persönlichkeitstypologie zusammen, unserer Identität. Das ist die Ebene 6, nämlich die Frage: Wie sehe ich mich selbst? Stellen Sie sich die Pyramide als Tortenstück vor. Dann ist die Identität das Innerste einer Person. Sie könnten auf allen Ebenen Veränderungen bewirken, die nichts nutzen werden, wenn das Problem auf dieser innersten Ebene liegt.

Stellen Sie sich eine Person vor, die zutiefst davon überzeugt ist, ein Versager zu sein. Veränderungen auf den unteren Ebenen werden dann kaum etwas ausrichten. Ich glaube, dass die meisten Probleme auf dieser innersten Ebene liegen. Mangelndes Selbstwertgefühl ist die Hauptursache zwischenmenschlicher Konflikte und persönlicher Probleme. Hier sehe ich auch einen besonderen Vorteil der Profilanalyse.

Oftmals gelingt es Menschen damit, ihren Verhaltensweisen, die sie als problematisch erleben, doch auch Stärken abzugewinnen. Die Profilanalyse ist eine Möglichkeit, die eigene Identität positiver und vor allem konstruktiver zu sehen. Mit dieser mutmachenden Erkenntnis beenden wir unseren kleinen Exkurs zum Dilts-Modell und kehren zurück zum Fallbeispiel.

Zurück zum Fallbeispiel

Thomas Berglund sieht also in seiner Arbeit keinerlei Herausforderung mehr und fühlt sich unendlich gelangweilt. Sie kennen sein Profil inzwischen. Was würden Sie empfehlen? Kleiner Tipp: Was ist das ganz Typische an einem ENFP?

Ganz typisch an einem bestimmten Profil ist immer die dominante Funktion. Erinnern Sie sich noch? Welche Funktion ist bei Thomas Berglund dominant? Versuchen Sie die Herleitung:

Haben Sie nachgeschlagen? Das ist okay. Sie haben es ohne Nachschlagen herausbekommen? Hut ab, das ist ausgezeichnet. P heißt: Nach außen ist die wahrnehmende Funktion (N) gerichtet. E sagt: Was sich nach außen richtet, ist dominant, also N.

Damit wissen Sie auch, dass die Stellenanforderungen nicht den typischen Fähigkeiten von Thomas Berglund entsprechen. Zwar hilft ihm sein F-Anteil beim Kontakt mit den Kunden. Aber seine dominante Funktion ist nun einmal N. Er braucht Abwechslung, neue Herausforderungen. Was tun?

Aha, Sie haben aufgepasst: Typische Funktionen sind keine Konstanten, nur Präferenzen. Auch Thomas Berglund kann zwischen N und S pendeln, wenn er seine Wahlfreiheit situativ ausübt, das heißt flexibel ist. Sabine Jansen könnte also an seine Flexibilität appellieren: Sei mehr S! Doch macht das wirklich Sinn?

Ich habe zwar behauptet, dass Menschen sich ändern können. Sicherlich könnte sich Thomas Berglund – wenn ihm die Zusammenhänge klar sind und es keine Alternative gibt – zwingen, eine Arbeit zu machen, die ihn nicht begeistert. Das wäre möglich. Aber zu welchem Preis?

Ich kenne in vielen Firmen Mitarbeiter, die sich unterfordert fühlen. Häufig passieren gerade ihnen dann besonders viele Fehler. Auf jeden Fall erleben diese Menschen ihre Arbeit als Stress. Es kostet sie immens viel Energie, etwas zu tun, was keinen Spaß macht. Meistens haben sie dann als Ausgleich ziemlich extreme Hobbys, bei denen sie sich gefordert fühlen.

Einen solchen Mitarbeiter aufzufordern, doch »etwas flexibler« zu sein, ist aus der Sicht der Führungskraft völlig rational. Aus Sicht des außenstehenden Beobachters ist das blanker Zynismus. Ein Blick auf Ihren Diagnostik-Computer sagt, warum. Der Appell zur Flexibilität setzt an Ebene 2 an: Verhalte Dich doch etwas flexibler, bitte! Thomas Berglunds Problem liegt aber nicht dort. Es liegt auf den Ebenen 6 (Identität) und 5 (Werte).

- Ebene 6: Thomas Berglund ist promovierter Mathematiker. Er empfindet sich als Wissenschaftler: Immer auf der Suche nach Antworten auf die brennenden Fragen der Menschheit.
- Ebene 5: Deshalb sind seine höchsten Werte Herausforderung und Kreativität.

Fazit: Mit diesem Selbstverständnis und diesen Werten ist es ihm völlig unmöglich, eine typische S-Arbeit zu seiner und seiner Partner und Kunden Zufriedenheit auszuführen.

Das mag hart klingen. Aber Thomas Berglund braucht ganz einfach eine neue Aufgabe. Entweder im Team, wenn beispielsweise das Serviceangebot über die bloße Beratung auch auf die Serviceneuentwicklung ausgedehnt werden würde. Oder außerhalb des Teams in einer Abteilung, in der N-Fähigkeiten gebraucht werden. Oder aber bei einem neuen Arbeitgeber.

Solche Entscheidungen sind immer hart für alle Beteiligten. Was Sie als Führungskraft in solchen Situationen tun können, ist zunächst eines: Diagnostizieren Sie sehr sauber. Mit der Persönlichkeitsanalyse und dem Dilts-Modell ist Ihre Diagnostik über den üblichen Zweifel des Betroffenen erhaben: Der will mich nur raushaben, weil ich unbequem bin. Nachdem Thomas Berglund sein Profil erkannt hat und das Dilts-Modell durchdekliniert hat, meint er: »Der Job und ich – wir passen wirklich nicht zusammen.«

In dieser Phase der Ernüchterung ist Ihre Sozialkompetenz als Führungskraft gefragt. Thomas Berglund braucht Sabine Jansen jetzt als Coach und Outplacementberaterin.

Die logischen Ebenen Ihres Teams

Sie können das Dilts-Modell nicht nur bei individuellen Problemen anwenden. Sie können damit auch mit Ihrem ganzen Team arbeiten. Das Modell hilft Ihnen nämlich, Ihre gemeinsamen Teamziele schneller, direkter und mit weniger Reibungsverlusten zu erreichen. Ein entsprechendes Teammeeting könnte folgendermaßen ablaufen:

- Erster Schritt: Definieren Sie gemeinsam – Betonung liegt auf gemeinsam – Ihre Ziele so konkret und realistisch wie möglich. Konkret heißt: nach Inhalt, Ausmaß und zeitlichem Bezug.
- Zweiter Schritt: Steigen Sie jetzt in die Dilts-Pyramide ein. Ebene 1: das Umfeld. Beschreiben Sie gemeinsam die Umfeldbedingungen, die für die Zielerreichung notwendig sind. Welche existieren bereits? Für welche müssen Sie sich noch einsetzen? Überprüfen Sie hierbei auch, welche Auswirkungen Ihre Zielerreichung auf Ihr Umfeld hat.
- Dritter Schritt: Welches Verhalten (Ebene 2) ist zweckmäßig, damit Sie das Ziel erreichen können? Was ist konkret zu tun?
- Vierter Schritt: Welche Fähigkeiten (Ebene 3) benötigen Sie als Team hierbei? Jetzt zahlt es sich aus, dass Sie ein gemeinsames Teamprofil erstellt haben. Sie können jetzt nämlich die anstehenden Aufgaben und Verantwortlichkeiten anhand der einzelnen Persönlichkeitspräferenzen verteilen. Auf diese Art und Weise vermeiden Sie Situationen wie die in Sabine Jansens Team. Überflüssig zu sagen, dass eine rechtzeitig erstellte Profilanalyse Sabine Jansen und Thomas Berglund viel Ärger erspart hätte: Schon beim Bewerbungsgespräch hätten beide gemerkt, dass Thomas Berglund niemals mit dieser Arbeit glücklich werden kann.
- Fünfter Schritt: Welche Glaubenssätze (Ebene 4) führen ins Ziel? Wovon müssen Sie gemeinsam überzeugt sein, damit alles auch wirklich so hinhaut, wie Sie es geplant haben? Typische Glaubenssätze sind zum Beispiel: »Das schaffen wir auf jeden Fall.«, »Gemeinsam bekommen wir so ziemlich alles hin.«
- Sechster Schritt: Welche Werte (Ebene 5) müssen Sie im Team pflegen, um gemeinsam Erfolg zu haben? Definieren Sie hier Ihre Teamwerte. Darin spiegelt sich Ihre Teamkultur.
- Siebter Schritt: Wer sind Sie als Team? Was für ein Team wollen Sie gemeinsam abgeben (Ebene 6)? Manche Teams geben sich Namen, die ihre Identität widerspiegeln: Dreamteam, Powerteam, KreaTeam ...

Wenn Sie alle Ebenen gemeinsam bearbeitet haben, fällt es Ihnen anschließend bei auftretenden Störungen oder Spannungen viel leichter, die kritische Ebene zu diagnostizieren und *daran* zu arbeiten. Doch mit dieser Bearbeitung der Ebenen wird das immer seltener nötig sein. Denn die Arbeit an den Ebenen führt zu einer höheren Identifikation Ihrer Teamkollegen ganz speziell mit den Teamzielen und mit dem Team im Allgemeinen.

Fallbeispiel 3: Wenn es kracht

Jutta und Paul arbeiten seit gut einem Jahr in einer zehnköpfigen Marketing-Abteilung eines EDV-Herstellers. Sie haben schon mehrere kleinere Projekte erfolgreich miteinander abgeschlossen. Eigentlich klappt ihre Zusammenarbeit ganz gut. Beide haben das Gefühl, dass sie sich ganz gut ergänzen. Dies bestätigt ein gemeinsam erstelltes Teamprofil.

Paul ist ENFJ und Jutta INTP. Beide sind intuitiv, was den Anforderungen in einer Marketingabteilung entspricht. Bei beiden ist N nicht die dominante Präferenz. In der Zusammenarbeit haben sich beide so eingespielt, dass Jutta eher die Rolle des Realisten einnimmt. Immer hinterfragt sie Ideen nach deren Machbarkeit, achtet auch auf Details. So weit ist alles bestens. Doch Jutta hat ein Problem mit Paul.

Der rastet in ihren Augen an nicht vorhersagbaren Stellen aus und schreit sie unvermittelt an. Sie kommt damit überhaupt nicht klar. Sie hält ihm dann immer im Anschluss eine Predigt über Prinzipien und Regeln der Zusammenarbeit in einem Team. Die Stimmung wird hierdurch allerdings auch nicht besser.

Was die Situation einigermaßen erträglich für Jutta macht, ist ihre P-Eigenschaft. Perceiver sind nicht nachtragend. Seit beide ihr Teamprofil aufgestellt haben, weiß Jutta durchaus, warum Paul öfters ausrastet. Wissen Sie es auch? Make an intelligent guess. Tipp: An welchem/welchen Buchstaben könnte es liegen?

Zugegeben, keine leichte Frage. Aber Sie sind inzwischen ja auch kein Anfänger mehr. Betätigen Sie sich als Sherlock Holmes. E und I sind zwar gegensätzlich, können aber die plötzlichen Ausbrüche nicht erklären. N stimmt bei beiden überein. Also muss es an den letzten beiden Buchstaben liegen.

Paul ist FJ. Das heißt, Paul trifft Urteile, bewertet Situationen (J). Er tut dies allerdings nicht aufgrund nachvollziehbarer Prinzipien (T), sondern aufgrund seines Gefühls. Und Gefühle sind schwankend. Manchmal nerven ihn bestimmte Dinge kolossal, manchmal übersieht er die gleichen Dinge einfach. Je nach Stimmung. Sein extravertierter Anteil sorgt dann auch noch dafür, dass der gesamte innere Ärger nach außen getragen wird.

Auch Jutta ärgert sich des Öfteren. Allerdings behält sie dies eher für sich (I). Wie bekommen die beiden ihr Problem in den Griff? Was raten Sie ihnen?

Auch hier gibt es (mindestens) zwei Arten, auf die angemessene Lösung zu kommen. Entweder Sie sind ein geborener Coach (ZNFJ) und sehen die Lösung intuitiv. Oder Sie spielen Detektiv.

Was muss in dieser Situation überhaupt verändert werden? Die Persönlichkeit? Davon lassen wir nach den letzten beiden Fallbeispielen lieber die Finger. Die Situation? Die kann man im Berufsleben selten genug ändern. Was bleibt dann noch? Die Reaktion auf die Situation. Wieder mal bestätigt sich: Jedes Problem trägt seine Lösung schon in sich. Lesen Sie im Fallbeispiel noch einmal nach: »Sie hält ihm dann immer im Anschluss eine Predigt über Prinzipien und Regeln der Zusammenarbeit in einem Team. Die Stimmung wird hierdurch allerdings auch nicht besser.«

Tatsächlich wurde die Reaktion der beiden auf die kritische Situation schon durch die Profilanalyse verändert. Jutta kann Paul nun besser verstehen. Er »rastet nicht aus«, sondern verhält sich eigentlich ganz rational – für sein Profil. Paul selbst hat über die Analyse verstanden, welches Drehbuch er unbewusst spielt. Er findet das inzwischen auch nicht sehr lustig, wenn er an Jutta denkt. Wenn er heute merkt, dass Ärger in ihm aufsteigt, kann er ihn inzwischen fast immer auf eine für Jutta weniger verletzende Art ausdrücken.

Wenn ihm dies aber einmal nicht gelingt – wenn der Adrenalinspiegel zu hoch ist – dann schmunzelt Jutta inzwischen nur noch und meint: »Aha, der Vulkan bricht aus.« Paul kann damit viel besser umgehen als mit Juttas früheren Belehrungen. Das ist das Veränderungsziel, das ein außenstehender Coach oder eine Führungskraft anstreben wird: Die Reaktion auf die kritische Situation auf beiden Seiten zu verändern. Paul poltert nicht mehr unreflektiert los und Jutta reagiert nicht mehr mit dem erhobenen Zeigefinger.

Hier liegt meiner Meinung nach ein großer Vorteil des Persönlichkeitsprofils für Teams. Es ermöglicht gegenseitiges Verständnis und Toleranz. Wir können plötzlich akzeptieren, dass andere auch wirklich anders sind. Das funktioniert übrigens nicht nur bei Arbeitsteams, sondern ebenso bei einem ganz anderen Team: der Familie.

Fallbeispiel 4: Alte Gewohnheiten sterben langsam

Dieses Fallbeispiel stammt aus einem großen, alten deutschen Unternehmen. Hier steht Teamarbeit zwar inzwischen auf der Fahne. Doch mit der Umsetzung haben Teammitglieder wie auch Führungskräfte noch ihre Probleme.

Das Team von Wolfram Stäuble ist für die Logistik zuständig. Alle zusammen haben vor einem Jahr ein Teamseminar besucht. Dort trafen sie auch Teamvereinbarungen. Unter anderem haben sie vereinbart, dass sie sich gegenseitig Feedback geben sollen/dürfen/können/müssen. Die Regeln für richtiges Feedbackgeben wurden auf dem Seminar in Rollenspielen geübt. Das war eine Vorgabe vom Vorstand persönlich, der im Unternehmen eine Feedbackkultur einführen will.

Ein Jahr nach diesem Seminar hat sich in der Gruppe von Wolfram Stäuble kaum etwas geändert. Feedback von den Teammitarbeitern hat er noch keins erhalten. Er hat allerdings auch nicht danach gefragt: »Besser keine schlafenden Hunde wecken.« – »Wenn die einmal anfangen zu motzen, finden die ganz schnell alles mies.« Das sind einige seiner Glaubenssätze (Ebene 4).

Was er nicht weiß: Seine Mitarbeiter haben schon mehrfach die Köpfe zusammengesteckt und über seinen Führungsstil geklagt. Obwohl das Team jetzt schon seit ungefähr zwei Jahren zusammen ist, wissen die Mitarbeiter so gut wie nichts über Wolfram Stäuble als privaten Menschen. Er hält sich bei geselligen Anlässen gerne heraus.

Er hat sehr viel Erfahrung in seinem Job und deshalb hat er vor zwei Jahren diese Stelle bekommen. Sein enormes Fachwissen schätzen alle im Team. Er geht an jedes Problem logisch heran. Was seine Leute stört, ist die oft unvermittelte und harte Kritik. Er plant immer ganz genau und lässt wenig Freiraum. Weiterhin stört seine Mitarbeiter, dass er sie laufend kontrolliert. So haben sie sich Teamarbeit nicht vorgestellt.

Obwohl der Unmut inzwischen groß ist, will keiner im Team Wolfram Stäuble *darauf* ansprechen. Nicht nur er, sondern auch die Mitarbeiter sind noch in den alten Strukturen verhaftet. Gemeinsam mit diesem Team haben wir unlängst das Teamprofil erstellt. Danach wussten die Teammitglieder, was für ein Typ ihr Chef ist. Wissen Sie es auch?

Wolfram Stäuble ist ein ________.

Na, allmählich springen Ihnen die Hinweise auf die Präferenzen schon beim Lesen der Fallbeispiele ins Auge, nicht wahr? Wolfram Stäuble ist natürlich ein ISTJ: zurückgezogen, genau, logisch, kontrollierend. Und wie fast immer war auch im vorliegenden Fall die Persönlichkeitsanalyse schon die halbe Problemlösung.

Denn mit dem Wissen um den Typ seines Teamleiters nahm sich ein Teammitglied bei diesem Meeting ein Herz und sprach jetzt aus, was die Gruppe schon lange bewegte. Der Mitarbeiter konnte das jetzt vorbringen, weil es nicht wie eine Anklage klang. Mit dem Profil im Hinterkopf sah er beides: Stärken und Schwächen eines ISTJ.

Sie sehen daran, dass das größte Problem bei beruflicher oder privater Zusammenarbeit nicht das eigentliche (Sach-)Problem ist, sondern immer die Art und Weise, wie wir darüber reden. Häufig wird etwas so lange verschwiegen, bis es zum großen Knall kommt. Manchmal kommt es noch nicht einmal zum Knall mit luftreinigender Wirkung.

Denn meist verabschiedet man sich innerlich, geht in die innere Kündigung, entwickelt psychosomatische Symptome oder macht Dienst nach Vorschrift. Weil man das Gefühl hat, sowieso nichts ändern zu können. Das kostet Produktivität und verschwendet Ressourcen. Ganz zu schweigen davon, dass es Ihnen als Teammitglied das Leben vermiest und Ihnen als Teamleader wegen verfehlter Ziele den Job kosten kann.

Fallbeispiel 5: Die schmollende Kollegin

Jan Simmering ist Teamleader eines neunköpfigen Teams der Auftragsabwicklung eines großen deutschen Verlagshauses. Wie die meisten Unternehmen hat auch sein Haus in Teamseminare investiert. So hatte er gemeinsam mit seinem Team vor kurzem ein solches Seminar besucht.

Regeln des Feedbackgebens wurden erarbeitet und noch im Seminar eingeübt. Einer offenen Feedbackkultur im Team stand nichts mehr im Wege. Insgesamt ist Jan mit der Teamsituation sehr zufrieden. Lediglich Susanne Frederiksen macht ihm Sorgen.

Sie ist eine durchaus kontaktfreudige Kollegin. Früher hat ihr ihre Aufgabe augenscheinlich richtig Spaß gemacht. Sie konnte sich toll reinknien. Sie arbeitete exakt und immer nach Plan. In den letzten Wochen war sie mehrmals krank. Sie hatte es am Magen, aber auch wenn sie da war, hielt sich von den anderen Kollegen eher fern, wirkte lustlos.

Jan hat zwar mit seinem Team noch kein Teamprofil erstellt, glaubt aber, seine Mitarbeiter ganz gut einschätzen zu können. Wie schätzen Sie Susanne ein?

Susanne ist ________.

Es gilt wie immer: Die Hinweise im Fallbeispiel genügen für eine eindeutige Typisierung. Susanne ist ESFJ. Was bringt diese Erkenntnis? Noch nicht viel. Was werden Sie deshalb als nächsten Schritt ermitteln?

Die ______________________.

Nicht umsonst habe ich immer die überragende Rolle der dominanten Funktion herausgestrichen. Sie dominiert eben unser Verhalten.

Welche Funktion also ist der Schlüssel zur Erklärung von Susannes Verhalten?

Die dominante Funktion ist ___________________.

J bedeutet: Nach außen wirkt die Entscheidungsfunktion, also F. E heißt: Alles Dominante spielt sich außen ab, also ist F auch dominant. Susanne bewertet Situationen gefühlsmäßig. Welche Vermutung hegen Sie aufgrund dieser Erkenntnis?

Richtig, irgendetwas hat ihre Gefühle verletzt. Und was jetzt? Das fragt sich auch Jan. Er fragt Susanne selbst, aber erhält nur eine ausweichende Antwort. Wenn der direkte Weg nicht weiterführt, versucht man den indirekten.

Jan fragt bei einer kleinen Projektbesprechung zwei Teammitglieder beiläufig, ob sie wüssten, was mit Susanne los sei. Einer der beiden, Gerd, meint, er wisse schon, was da gelaufen sei. Vor ungefähr vier Wochen habe er das umgesetzt, was sie auf dem Teamtraining gelernt hätten. Er habe Susanne korrektes Feedback gegeben. Susanne habe damals Informationen aus seinem Bereich ohne Absprache mit ihm nach draußen gegeben. Das wäre für ihn nicht akzeptabel gewesen. Das habe er ihr mitgeteilt.

Da er im Teamtraining gelernt habe, wie wichtig Ich-Botschaften seien, habe er sein Feedback entsprechend vorbereitet und es auch im Beisein anderer gegeben. Susanne habe damals seine Rückmeldung schweigend zur Kenntnis genommen und seither nur noch wenig mit ihm geredet. Er habe sie darauf bereits angesprochen und ihr gesagt, dass er den Eindruck habe, sie schmolle. Er fände das kindisch. Seitdem sei es ganz aus. Er bedauere inzwischen, überhaupt etwas gesagt zu haben. Außerdem bezweifle er aufgrund dieser Erfahrung, dass das ganze Zeug, was Trainer auf solchen Seminaren verbraten, zu irgendetwas zu gebrauchen sei.

Exkurs: NLP im Schwimmbad

Als alter Profilhase ist Ihnen inzwischen längst klar, was das Problem in diesem Fall ist: die Tendenz von F-Typen, Kritik persönlich zu nehmen.

Susanne hat enorme Schwierigkeiten, mit Kritik angemessen umzugehen. Bei ihr ist F dominant, doch haben wir stets alle Ressourcen in uns. Was Susanne fehlt, ist im richtigen Moment Zugang zu ihrer T-Fähigkeit zu finden. T-Typen betrachten Situationen logisch-analytisch. Wer Kritik sachlogisch betrachtet, den kann sie nicht verletzen.

Das ist nun leichter gesagt als getan. Jeder von uns kennt das. Es gibt Situationen, da wissen wir, dass wir uns selbst im Wege stehen, kommen aber nicht heraus aus unserem Loch. Das weiß auch Jan Simmering. Er ist sich sicher, dass ein normales Gespräch mit Susanne nichts bringen wird. Coaching ist gefragt. Seit die klassische Führungskraft (anweisen, managen) langsam ausstirbt, wird das Beraten von Mitarbeitern Führungsaufgabe. Doch Coachen will gelernt sein.

Ein guter Kontakt und ein Vertrauensverhältnis zwischen Coach und Mitarbeiter sind notwendige Voraussetzungen für Coaching. Beides besteht nicht, denn Susanne gab ihrem Teamleiter nur eine ausweichende Antwort. Also muss Jan erst daran arbeiten. Hier spielt alles herein, was er auf verschiedenen Führungsseminaren gehört hat: Nicht helfen wollen, sondern wirklich *zuhören*. Nicht reinreden, sondern verstehen wollen. Wertschätzende Akzeptanz als Grundhaltung praktizieren. Sich Zeit nehmen.

Jan nimmt sich Zeit. Er spricht mit Susanne und gibt ihr ebenfalls Zeit, ihre Betroffenheit zu schildern. Er fragt sie, ob sie an Gerds Rückmeldung irgendetwas akzeptiert hätte. Nein, sie fand alles nur unfair. Sie fühlt sich verletzt durch diese »Attacke«. Das kann Jan Simmering verstehen. Aber das reicht hier nicht. Manchmal ist Aktives Zuhören eben nicht genug. Deshalb trifft Jan eine Zielvereinbarung mit Susanne: »Was möchten Sie in Zukunft in ähnlichen Situationen statt der Verletztheit erleben?« Das angestrebte Ziel heißt Wahlmöglichkeit. Selbst wählen zu können, wie ich mich in einer Situation fühle und verhalte. Dieses Ziel scheint Susanne attraktiv.

Jan weiß nun von einem NLP-Seminar (Neuro-linguistisches Programmieren), dass die Wahrnehmungsposition maßgeblich dafür verantwortlich ist, wie wir eine Situation aufnehmen. So wie er es im Seminar erlebt hat, fordert er nun auch Susanne auf, aufzustehen und sich vorzustellen, sie stünde auf einem 10-Meter-Sprungbrett im Schwimmbad.

Machen Sie die Übung einfach gleich mit. Ich führe sie tatsächlich immer mit meinen Teilnehmern im Selbstmanagementseminar durch. Der Effekt ist spürbar. Stellen Sie sich also auf das Sprungbrett in zehn Metern Höhe. Schauen Sie in die Tiefe. Sie können einzelne Schwimmer dort unten sehen. Vielleicht hören Sie schon von hinten ungeduldige Kommentare. Können Sie spüren, wie es Ihnen dort oben geht? Haben Sie ein Gefühl der Zuversicht oder der Angst, wenn Sie dort oben stehen?

Verlassen Sie nun bitte diese Vorstellung und wählen Sie eine andere Position. Stellen Sie sich bitte vor, Sie seien der Bademeister, der gerade Dienst hat, als Sie da oben noch unschlüssig herumstehen. Sie als Bademeister stehen unten am Beckenrand und können sich dort oben beobachten. Aus dieser Position heraus können Sie bestimmt Haltungsfehler und Ähnliches erkennen. Sie beobachten sich selbst mit Abstand. Wir alle tun dies. Der eine mehr, der andere weniger.

Die Position oben auf dem Brett nennen wir im NLP: assoziiert. Mitten drin sein, alles live erleben. In dieser Wahrnehmungsposition spüren wir alles sehr intensiv. Das ist sinnvoll, wenn es etwas Schönes zu genießen gibt. Leider erleben wir in dieser Position auch alles Unangenehme ohne Abstand. Genau so erging es Susanne. Im assoziierten Zustand erleben wir alle unsere Gefühle, die angenehmen genauso wie die unangenehmen. Ganz anders ist da die Position des Beobachters.

Etwas von außen betrachten, nennen wir den dissoziierten Zustand. Hier werden wir nicht oder nur sehr wenig von der jeweiligen Situation berührt. In dieser Position ist die kognitive Kontrolle möglich. Der dissoziierte Zustand ist daher ideal für unangenehme Erlebnisse. Hier bin ich nicht von meinen Gefühlen gefangen, sondern kann weiterhin rational entscheiden, was jetzt das Vernünftigste ist.

Kleines Experiment: Legen Sie Ihre linke Hand in Eiswasser, Ihre rechte in 35 Grad warmes Wasser. Nach einigen Minuten legen Sie beide in lauwarmes Wasser. Ihre linke Hand sagt: heißes Wasser; Ihre rechte: kaltes Wasser. Eine Situation ist nie so, wie sie ist, sondern immer so, wie wir sie wahrnehmen. Und wie Sie sie wahrnehmen, können Sie selbst wählen.

Es ist also wichtig, beide Wahrnehmungspositionen zu beherrschen und selbst darüber zu entscheiden, wann Sie eine Situation assoziiert und wann dissoziiert erleben wollen. Sie werden es vielleicht nicht glauben, aber ich kenne viele Menschen, die angenehme Situationen, in denen sie beispielsweise Zärtlichkeit erhalten, dissoziiert, von außen betrachten. Und dann, wenn es wirklich unangenehm wird, beispielsweise bei einem Streit, sind sie voll assoziiert. Kein Witz, sondern traurige Realität.

Auch hierbei geht es darum, neue Wahlmöglichkeiten zu schaffen. Ich muss eine Situation nicht auf eine bestimmte Weise wahrnehmen. Es geht auch anders. Das ist das Lernziel für Susanne. Denker (T) neigen übrigens eher zum dissoziierten Wahrnehmen. F-Menschen dagegen sind assoziiert. Susanne Frederiksen will lernen, Kritik dissoziiert wahrzunehmen. Sie weiß, dass sie aus dem Feedback der Kollegen lernen kann.

Jan erarbeitet mit Susanne eine kleine Lernhilfe. Er vereinbart mit ihr, dass sie auf ihrer rechten Hand gedanklich einen kleinen Handmonitor installiert. Dann bittet er sie, dass sie sich noch einmal die Worte von Gerd ins Gedächtnis ruft. Aber dieses Mal als Zuschauerin, die alle Sachverhalte, über die Gerd sprach, auf dem Monitor verfolgt. An den Stellen, an denen das von Gerd Gesagte kein Bild oder keinen Film ergibt, soll sie sich angewöhnen, direkt nachzufragen.

Susanne betrachtet so Gerds Feedback mit Abstand und erlebt zum ersten Mal, wie sie in einer solchen Situation die kognitive Kontrolle behält. Im nächsten Schritt fordert Jan Simmering sie auf, sich auf der anderen Hand ihre eigene Sichtweise der Sachverhalte anzuschauen. Danach der Vergleich. Was hat sie genauso gesehen wie Gerd und wo sind die Unterschiede?

Im letzten Schritt übt sie die Erwiderung an Gerd: »Dies und jenes habe ich genauso gesehen wie du. An den und den Stellen habe ich es aus meinem Blickwinkel ganz anders erlebt. Ich kann aber nachvollziehen, dass du es so erlebt hast. Was machen wir jetzt damit?« könnte ein Wortlaut sein, den Susanne zukünftig vorbringen könnte.

Sie verspricht Jan, die kleine Monitorübung noch einige Male durchzuspielen (mindestens zehn Mal), um für den Praxisfall gerüstet zu sein. Susanne geht erleichtert aus dem Gespräch. Davor hatte sie Angst, wieder belehrt zu werden und Vorwürfe zu hören. Stattdessen hat sie Verständnis erlebt. Außerdem ist sie nun zuversichtlich, künftig besser mit schwierigen Situationen umgehen zu können.

In welchen Situationen wollen Sie künftig bewusst zwischen T und F wechseln?

Fallbeispiel 6: Judger versus Perceiver

Wir befinden uns in der Schulungsabteilung eines großen deutschen Konzerns. Das Team von Rainer Knehr ist für das gesamte technische Training verantwortlich. Es ermittelt den Trainingsbedarf und organisiert die entsprechenden Schulungen komplett von der Raumbuchung bis zur Trainerauswahl. Sechs Leute arbeiten in seinem Team. Das Team hat ein Problem.

Zwei Mitglieder möchten immer so viel wie möglich recht langfristig planen. Zwei andere wehren sich vehement dagegen. Uwe und Sonja meinen, dass ein Bildungsprogramm für einen längeren Zeitraum als drei Monate keinen Sinn macht, da sie noch nicht wissen können, welche technischen Veränderungen in nächster Zeit ins Haus stünden. Dagegen argumentieren Dieter und andere, die Mitarbeiter wollten schließlich nicht erst einen Tag vor Seminarbeginn wissen, was angeboten werde. Laufend gibt es darüber Meinungsverschiedenheiten.

Dieter und Co. werfen Uwe und Sonja auch vor, sich nie genau an die terminlichen Absprachen zu halten. Ein typischer Konflikt zwischen Judgern und Perceivern. Die Persönlichkeitsanalyse hilft auch hier, den beziehungsweise die anderen nicht als »Spinner« abzutun, sondern miteinander konstruktiv umzugehen. Noch besser für das Team ist jedoch, wenn der Teamleader geschult ist in Verhandlungsstrategien. Wir sehen uns ein NLP-Verhandlungsmodell genauer an.

Das Grundproblem solcher Konflikte ist, dass in zwei Lagern gedacht wird. Es gibt die einen und die anderen. Schlimm wird es für Teams, wenn sich das über längere Zeit hinzieht. Das ist dann kein Team, sondern ein loser Verbund von Splittergruppen (Stichwort Bundestag). Teams, in denen der Graben schon recht tief ist, empfehle ich einen externen Moderator. Denn selbst der geschulte und erfahrene Teamleader ist immer noch Teil des Ganzen und tut sich schwer, neutral zu sein und zu wirken.

Im vorliegenden Fall sind die Spannungen noch nicht so groß. Die Gruppe versteht sich ansonsten ganz prima. Trotzdem will Rainer Knehr das Team festigen. Sein erster Schritt: Er skizziert kurz die Ausgangssituation. Dann benennt er das Ziel: Hier in der Besprechung gemeinsam Lösungen zu finden, damit wirklich alle wieder an einem Strang ziehen – und zwar in dieselbe Richtung. Alle sind einverstanden.

Der zweite Schritt: Rainer Knehr bittet Dieters Gruppe, genau zu definieren, was sie sich wünscht. Die schnelle Antwort: langfristige Planung, zuverlässige Terminbehandlung, arbeiten mit Checklisten für die bessere Kontrolle. Rainer Knehr nimmt das auf: »Okay, ihr wollt eine bessere Planung. Wozu? Was wollt ihr damit erreichen?« Jetzt kommt die Antwort nicht mehr so schnell. Die Gefragten müssen sich erst untereinander abstimmen. »Damit uns keine Fehler unterlaufen, damit wir stressfrei arbeiten können, damit wir das Gefühl haben, unseren Job im Griff zu haben.«

Rainer Knehr hört zu und beobachtet gleichzeitig Uwes und Sonjas Mimik. Da diese noch keine Zustimmung signalisiert, fragt er weiter: »Wozu ist euch das wichtig, stress- und fehlerfrei zu arbeiten und alles im Griff zu haben? Was wollt ihr damit erreichen?« Dieter und Co. sind verwirrt: »Was soll das heißen, was wir damit erreichen wollen? Haben wir doch gesagt!«

Doch nach der Aufforderung, sich hier ruhig ein paar Gedanken zu machen, kommt: »Tja, uns ist es einfach wichtig, einen guten Job zu machen, damit die Leute mit uns zufrieden sind. Damit wir auch ab und zu Anerkennung von draußen bekommen. Wir wollen stolz auf unsere Arbeit sein.« Rainer Knehr beobachtet genau: Sonja und Uwe haben beide leicht genickt.

Dritter Schritt: Rainer Knehr fragt Sonja und Uwe: »Wenn ihr das so hört, was die anderen sagen – stolz auf die Arbeit sein, einen guten Job machen – könnt ihr dieser Absicht zustimmen?« Die Antwort ist ein eindeutiges Ja.

Vierter Schritt: Rainer Knehr fragt jetzt auch Sonja und Uwe, was ihnen bei der Arbeit wichtig ist: »Na, auf jeden Fall nicht die Planung. Die muss zwar sein, aber man muss doch aktuelle Geschichten viel stärker berücksichtigen. Ich finde es darüber hinaus nicht richtig, dass wir immer so langfristig mit EDV-Trainern zusammenarbeiten. Da muss ja schon einer silberne Löffel klauen, damit er keinen Nachfolgeauftrag mehr bekommt. Wir sollten von Fall zu Fall entscheiden, welcher Trainer zur anstehenden Maßnahme passt.« Rainer Knehr beobachtet Dieters Gruppe: Einige verziehen das Gesicht.

Rainer Knehr fasst zusammen: »Okay, euch beiden ist wichtig, je nach Gegebenheit entscheiden zu können. Stimmt das?« Sonja nickt. »Was wollt ihr mit diesem Vorgehen erreichen?« Uwe meint: »Wir wollen einfach nicht Entscheidungen ausführen, die keinen Sinn mehr machen, weil sich das Umfeld verändert hat.« Rainer unterbricht: »Sage nicht, was du nicht willst. Sage, wozu dein Vorgehen führen soll.« Sonja und Uwe beraten sich. »Also wir wollen ganz einfach, dass das ganze Geld, was die Firma für Schulungen ausgibt, wirklich einen optimalen Nutzen bringt.« – »Wozu?« – »Wir wollen, dass die Mitarbeiter immer up to date sind, damit sie einen guten Job machen können. Dafür sind wir doch da!«

Bei diesen Worten signalisiert Dieters Gruppe nonverbal Zustimmung, die sie auf Rainer Knehrs Aufforderung verbal wiederholt: »Ja, da können wir zustimmen.«

Fünfter Schritt: »Beide Seiten wollen, dass sich der Aufwand für die Schulungen lohnt, dass die Mitarbeiter gut geschult sind. Ihr wollt eine gute Arbeit machen und stolz darauf sein. Jetzt stellt sich die Frage, auf welchem Weg wir dieses gemeinsame Ziel am besten erreichen. Wir wissen, dass die einen von uns Perceiver (zeigt freundlich) und die anderen Judger (zeigt) sind. Wir wissen auch, dass beide Arten der Wahrnehmung Vor- und Nachteile haben. Deshalb würde ich jetzt gerne mit euch erarbeiten, wann es sinnvoll oder sogar zwingend ist, etwas genau und langfristig zu planen und wann wir künftig Entscheidungen eher offen lassen sollten, um unsere Handlungsmöglichkeiten dadurch zu erhöhen. Einverstanden?« Das Team macht sich an die Arbeit.

Im konkreten Fall kam es nach lediglich einer Stunde zu einem Ergebnis. Dadurch wurde die Projektarbeit, aber auch das Arbeitsklima stark verbessert. So einfach kann es gehen. Wichtig hierbei war nicht nur die Typologiekenntnis, sondern genauso die Fähigkeit von Rainer Knehr, eine solche Diskussion zu moderieren. Seine wesentlichste Intervention war es, jeweils durch die Frage nach der Absicht auf ein abstrakteres Niveau zu kommen, um hierdurch eine Zustimmung des anderen Lagers zu erhalten. Erst wenn wir wieder alle in einem Boot sitzen, können wir nach sinnvollen Lösungen Ausschau halten.

Wie geht es weiter?

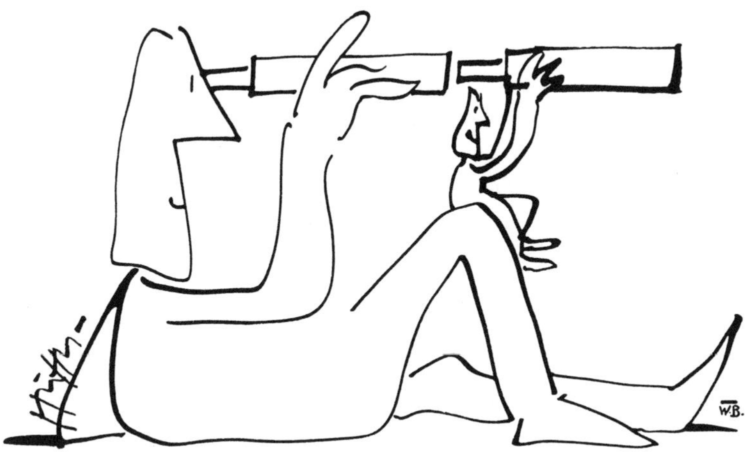

Wir sind am Ende Ihrer kleinen Reise durch dieses Buch angekommen. Doch eigentlich ist es ein Anfang.

»Nosce te ipsum« übersetzte Sokrates die Inschrift des Apollo-Tempels zu Delphi: Erkenne dich selbst. Sie haben einiges über sich selbst erfahren. Doch halt, Ihre Persönlichkeit hat mehr Facetten als die vier hier vorgestellten Ebenen der Persönlichkeitstypologie. Es gibt noch viel zu entdecken. Ihre Reise geht weiter.

Sie haben auf Ihrem Reiseweg mit diesem Buch nicht nur einen, sondern einen sehr wichtigen Schritt gemacht. Sie kennen jetzt Ihre ganz persönlichen Stärken. Sich selbst zu kennen, ist der wichtigste Schritt zu einer guten Menschenkenntnis. Wer sich selbst versteht, versteht auch andere. Und Menschenkenntnis brauchen Sie schließlich als Teammitglied und als Teamleader.

Doch bleiben wir realistisch. Nach der Lektüre, selbst wenn Sie sie interessant und unterhaltsam fanden, sind Sie noch kein Meister der Menschenkenntnis. Sie können noch nicht mit einiger Treffsicherheit andere immer richtig einschätzen. Aber genau darum geht es uns ja. Wir wollen andere besser verstehen, um auch besser mit ihnen kommunizieren zu können.

Ich könnte Ihnen nun vorschlagen, das ganze Buch noch einmal von vorne zu lesen. Der Tipp ist übrigens gar nicht so schlecht. Wir wissen ja, wie viel wir tagtäglich vergessen, eventuell beim ersten Mal auch überlesen. Wenn Sie wollen, fangen Sie wieder vorne im Buch an. Aber das ist nicht mehr so unterhaltsam. Deshalb ein anderer Tipp. Lernen soll nämlich Spaß machen.

Legen Sie einfach los. Analysieren Sie erst einmal im Kleinen. Übung macht den Meister. Also analysieren Sie aus Freundes- und Familienkreis Personen, die Sie gut kennen. Sie haben sicher schon Vermutungen über deren Präferenzen. Stellen Sie also ein hypothetisches Profil auf und überprüfen Sie es bei einigen Gelegenheiten.

Danach äußern Sie gegenüber dem Analysierten Ihre Vermutung, indem Sie lediglich die Buchstaben bekannt geben. Da fast alle Menschen Persönlichkeitstests lieben, wecken Sie die Neugier des Angesprochenen. Geben Sie ihm den Fragebogen. Dann können Sie Ihre Vermutungen gemeinsam überprüfen. Sie werden sehen, das schult Ihre Wahrnehmung. Und es macht in neun von zehn Fällen

Ihnen beiden Spaß. Manchmal gewinnen Sie so einen neuen Fan. Denn die Analyse bringt dem Angesprochenen ja nur Gutes.

Sie können noch auf viele andere Arten üben. Ich hatte vor kurzem einen Seminarteilnehmer, der nach einer Einführung in die Typologie am nächsten Tag berichtete, er könne nun nicht mehr normal TV schauen. Am gestrigen Abend hätte er permanent ausgerufen: »Typisch J, typisch F ...« Eine todsichere Methode zu üben – und anderen auf den Nerv zu gehen. Deshalb meine Empfehlung, solche Geistesblitze nicht immer laut kundzutun.

Jedoch das Beobachten von anderen, ob im Fernsehen oder in Besprechungen, kann nicht genug geübt werden. Für Ihren Übungseifer werden Sie reichlich belohnt. Sie erkennen Situationen, bevor sie andere erkennen, bevor sie akut werden und können sie besser steuern.

Viele Situationen, die früher ärgerlich für Sie waren, werden Ihnen künftig nur noch ein verständnisvolles Lächeln entlocken können. Ihre Teammitglieder werden zufriedener mit sich, Ihnen und Ihrer Arbeit. Verhandlungen mit Kunden können Sie nun so führen, dass der andere sich verstanden und akzeptiert fühlt. Kennzeichen jedes erfolgreichen Kundenberaters. Und es gibt noch viele andere berufliche Aspekte, die Sie besser meistern werden.

In diesem Buch stand der berufliche Kontext im Vordergrund. Wir sollten jedoch nicht vergessen, dass die Familie genauso ein kleines Team ist. Sie können das Gelernte auch hier zum gemeinsamen Nutzen einsetzen. Egal wo Sie Ihre neue Fertigkeit einsetzen, ich wünsche Ihnen bei der Umsetzung viel Erfolg.

Und da ich ungemein neugierig bin – eben typisch E – würde ich mich über Ihre persönliche Erfolgsrückmeldung sehr freuen. Schreiben Sie doch einfach an Frau Sachsenmeier beim Beltz Verlag. Ich freue mich sehr darauf.

Literaturverzeichnis

Empfohlene Literatur zur weiteren Vertiefung

Attems, Rudolf/Heimel, Franz: Typologie des Managers. Potenziale erkennen und nutzen mit dem Myers-Briggs Type Indicator. Redline Wirtschaftsverlag, München 2003

Bents, Richard/Blank, Reiner: Der MBTI. Die 16 Grundmuster unseres Verhaltens nach C.G. Jung. Eine dynamische Persönlichkeitstypologie. Claudius, München ^{3}2000

Besser-Siegmund, Cora/Siegmund, Harry: Coach yourself – Persönlichkeitskultur für Führungskräfte, Junfermann, Paderborn ^{6}2003

Keirsey, David/Bates, Marilyn: Versteh Mich Bitte – Charakter- und Temperament-Typen, Prometheus Nemesis Book Company, Del Mar (LA), 1990

Stöger, Gabriele/Jäger, Anton: Menschenkenntnis – der Schlüssel zu Erfolg und Lebensglück. Orell Füssli, Zürich 2004

Stöger, Gabriele/Vogt, Mona: Mit Menschenkenntnis zum Seminarerfolg. Beltz, Weinheim und Basel 2004

Wildenmann, Bernd: Professionell Führen. Empowerment für Manager, die mit weniger Mitarbeitern mehr leisten müssen, Luchterhand, Neuwied ^{6}2002

Bildnachweis

S. 9, 77 Martin Guhl/Baaske Cartoons

S. 17, 61, 105 Etienne/Baaske Cartoons

S. 89 Reinhard Alff/Baaske Cartoons

S. 113 Erik Liebermann/Baaske Cartoons

S. 145 Mathias Hütter/Baaske Cartoons